國家風水叢書5

❖透視陽宅專輯之三

陽宅格局選

周建男 著

國家出版社 印行

自　序

　　當稿件在台中完成之際，適逢端午粽香時節，窗外落著五月霾雨，斗室燭火熒熒，觀桌案積稿，感慨學術浩瀚、世事嶙岣，然後衰啞一笑。

由　來

　　風水學是經過數千年不斷演變而來，最初只不過是一種人類的生活經驗。上古時代，人類從游牧而進化至穴居的階段之後，便開始注意選擇適合自己居住的地點，建造適合自己居住的宅第，這些選擇經驗的累積，就是風水學的雛形。

　　開始之初，祖先們只是以安全爲前提從事選擇，所以，地勢較高、避免洪水、躲開野獸、遮擋風雨等等的地點，就成了當時的居住理想處，這些純是生活經驗的累積。但到了後來，先哲們漸漸地把長期生活經驗與陰陽五行、八卦九星等術數結合在一起，因而演變成一門玄學。

演　進

　　風水學的演進，可分爲幾個階段，分析如下：

㈠第一階段的整合：是在春秋戰國陰陽家盛行的時期，這時期已有陰陽對等的概念了。

㈡第二階段的整合：漢朝風水家的歸納，如郭璞的《葬經》、《錦囊經》，陶侃的《捉脈賦》，王充的《論衡》等，把五行八卦充分應用在風水學術中。

㈢第三階段的整合：唐宋四大名家的發揚，如楊救貧、賴布衣、曾文遄、廖金精等，此時期以楊公聲望最高，賴布衣最爲人傳誦，這些傳奇故事已深入民間。

㈣第四階段的整合：清朝時名家輩出，此時的風水學術因羅經的被重視，方位學才抬頭，故進展一日千里，著名學者以蔣大鴻、沈竹礽等對風水的影響最大。

　　無奈風水學在唐宋時期，因儒生倡言怪異，圖籙、煉士、方士之說盛行，風水學遂由簡易避災加入怪力亂神，而使後來的知識學者大加否定。迄今第五階段

的整合，應符合時代的要求，釐清風俗與風水的區別，走出封鎖式的研究，與異業結合，才能使這門中國文化核心的術數真正地落實於生活。

理　論

何謂風水？風水又稱堪輿，其名稱最早見於《史記‧日者傳》，而《漢書藝文志》所載書目，也有《堪輿金匱十四卷》之傳，許慎解釋：「堪，天道；輿，地道。」此涵義與《易繫辭傳》的「仰以觀於天文，俯以察於地理」之意相近，故知地理知識最早是稱爲堪輿學。晉人郭璞著《葬經》曰：「氣乘風則散，界水則止。」古人聚之使不散，行之使有止，故謂之風水。提出堪輿最重視「生氣」，生氣忌風喜水，藏風聚水，後人就把堪輿稱爲風水。

故堪輿學又叫風水學，範圍包括陰宅（墓葬地理）及陽宅（宅第地理），研究陽宅的學術稱爲陽宅學，符合時代意識又叫做環境學，應視爲一門學科。

理論體系主要包括兩大部份：

㈠空間方位：知其所在，而迎之其用，瞭解宅第內空間位置的作用力。

㈡巒頭理氣：宅第外在環境的生剋吉凶，藉此趨吉避凶。

這門學術講陰宅及陽宅，兩者的原理基本相同，但因死人墳墓與活人宅第性質不同，在應用及鑑定技術上亦完全不同，本系列叢書系以談論陽宅風水爲主。

重　要

住宅是個人養精蓄銳，對內與家人溝通，對外維持公共關係的場所，全家人對居家境境適應與否，個人事業、社會人際關係是否成功順遂，都可由宅相中應驗得知，豈能不慎重。

我們也常看到，有的家庭一向健康、幸福，但有朝一日搬遷新居後，一切生活情形卻轉壞了；又有的人過去生活不太如意，喬遷新居之後，反而時來運轉。諸如此類，都是陽宅學探討的核心，對個人的影響也很直接、深刻。

體　例

本系列叢書共分成四大冊，閱讀順序如下：

□陽宅科學論：藉本書的理念，幫助讀者建立完整的陽宅風水知識。

□陽宅方位學：鑑定陽宅要以測度的方位爲基準，才不會誤導方向。

□陽宅格局選：作者特提供宅第格局的典型，讓讀者藉此實地認識。

□陽宅古今談：風水理論在日常生活中所碰到的實際問題分析，讓讀者閱讀之
　　　　　　　後能夠吸收活用。

共　勉

　　余自鄉曲來，固鄙陋之士也，因悟盡天命乃星曜運數，民國六十年，承襲祖父輩至友桐安法老先生點化，其後歷經湖南派山理師承，中州派、飛星派命理師承，及慧老悉授卜理，跟隨菩老專習大茅法等等。如今，令人陣陣黯泫的是，幾位五術前哲，菩老、慧老等都已經星散了，草枯木黃，無邊落葉紛紛下。

　　先師勉我：「心地乾淨，方可讀書學術。」而術數中最可貴者，乃於書中見聖賢、見仁義、見人性也。董公論山水曰：「千樹萬樹，無一筆是樹；千山萬山，無一筆是山；千筆萬筆，無一筆是筆。有處恰是無，無處恰是有，所以爲逸。」古來名家，必歷覽名山大川，而後心胸始大，境界始出，便在培養此逸氣。術數家亦然，觀盡天下事，書盡萬卷，路行萬里，方能胸藏丘壑，筆生煙雲。一位睿智陽宅師的養成不易，勿震於汗牛充棟，懾於古籍晦澀，也勿墨守成規、刻舟求劍、死抱口訣，並且特別要重視術數倫理，才能言經緯天地，主宰乾坤。

　　陳之藩先生說過：「一個時代，總應該有個把言行高潔的志士，如果沒有，應該有個把叱吒風雲的英雄；再沒有，也應該有個把豪邁不羈的好漢，如果連這類屠狗的人全找不到，這個時代就太可憐了。」啊哈：悵釣魚人去，射虎人遙，陽宅風水師總該做個時代的屠狗人——爲「陽宅學」立個紀念碑吧！

　　　　　　　　＊　　　　　　　　　　＊　　　　　　　　　　＊

　　如今，本書重新修訂出版，前台灣省政府教育廳第五科沈科長華海兄仍殷殷指導，這些教人趨吉避凶的大功德，應該歸屬於他，因爲當初若沒有沈兄的領銜斧正，陽宅風水尚停留在民俗階段。

周建男　謹識

　　讀者若對書中所述內容有任何疑問，或有志在風水
學術方面作深入的研究，可直接與本書作者聯繫。

　　　　台灣省陽宅教育協會推廣教育中心
　　　　地址：台中市公益路52號5樓
　　　　電話：（04）23257346，22355553
　　　　傳真：（04）23222174，22379935

台灣省陽宅教育協會理事長周建男老師

目　錄

■「陽宅學」可視為一門學科■

居家環境是與我們日常生活最有關係的空間，多少古聖先賢投入畢生精力來研究它，目的都在趨吉避凶，使我們的人生更順遂。但在探討的過程中，「陽宅學」到底被視為是一種道？一種術？一種科學？還是一種迷信？鑑於此，便有一股提出實地考證案例，讓大家對「陽宅學重新詮釋」尋一可資見證註腳的衝動。

小時候，見山是山，見水是水；長大後，見山不是山，見水不是水；到如今，見山又是山，見水又是水啊！書盡萬卷，路行萬里，方能胸藏丘壑，筆生煙雲，「陽宅學」的研究亦然。理論融會之後，再追求實際鑑定印證，觀摩何處是吉？何處是凶？這項有意義的工作，是值得我們付出心力的。

一、內容

廣言之：舉凡人類一舉手一投足的行為規範，都是陽宅學術的範圍。

深言之：個人居住宅第所表現出來的象意，及居住宅第每年流運的吉凶應驗，是我們研究實證的核心。

二、吉凶

1.靜態的方位應驗：包括房子住後的身體好壞反應，個性調適傾向，事業財運前途，子女讀書功名等。

2.動態的節氣吉凶：包括房子每年運程的變化預防、房子的修造、動土、搬家宜忌等。

三、應用

好的運勢配合好的宅第，就是人生成功的轉捩點，好的運勢配合壞的宅第，想衝刺奮鬥也無法成功。

四、態度

現今應將「陽宅學」視為一門新學科，有志於此者應融合學理、術法之偏，不墨守成規、死抱口訣。

● 為探討環境、住宅與生活品質的關係，藉由辦理
環境及住宅講座，教育社會大眾如何追求居住安
全，如何規劃提昇居住品質，進而共同改善我們
的社區環境，提高生活的水準。

● 理論參研與實際印證的配合，是學習陽宅風水的
不二法門。

格局

研究篇

每當華燈初上
站在高崗向下一望
萬家燈火
房宅林立
有人榮華富貴
有人窮困襤褸
除了個人智慧與勤奮之外
難道沒有其他存在因素？
基於此
便興起了應重新研究
與我們關係這麼密切的
方位空間學術

研究主題：(1)旺神宅第

■照片圖　□平面圖

一、基本資料：

1. 宅址：　雲林縣　斗六市　萬年路

2. 宅主：姓名　蕭健弘 君，性別　男　年次：　29　年　　　月。

　（宅主以男主人，或真正負責家中經濟權之家長為主要關鍵。）

3. 時間：　80　年　3　月。（迄今仍不斷實地考證及確認）

4. 補充資料：

　　本圖乃藉勘定宅第之時攝得，拜拜或皈依並不限定宗教

種類，唯膜拜處所應清幽、靜肅、整潔、祥和。

二、研究心得：

1. 宅主現況分析

宅主因陽宅格局錯誤，發生車禍，手受傷，屬意外宅第，但鑑定後，因本宅安神正確為旺神宅第，能獲高靈護持，故危機以大化小。

2. 問題癥結透視

家中神桌靈位，是我們傳統習俗的重要部份，虔誠膜拜之下，到底是拜神佛？還是拜魔君？實在應慎重其事，否則安神之後家運反而難開創，身體難以健康。

3. 陽宅鑑定報告

高靈聖潔的靈波，經過法師純正念力催動，到自己宅中來護佑我們，是真正的安神吉祥法。

4. 調整因應方法

正確。

5. 期效觀察記錄

我們鑑定本陽宅之時，如僅照格局結構來看是會有嚴重的破財、意外的，但是因為宅主奉神虔誠，行事重陰德理念，所以得高靈護佑把危機以大化小了。

三、綜合評論：

靈魂學是新的學術。

曾經觀察很多安神錯誤的家中，因為長期受了怨魂哀靈的雜亂頻率干擾，宅中普遍存在著精神不安現象，如易怒、易嫉、易疑、心悸、歇斯底里等等，都必須重新把神位整頓開光點眼，並指導其正確膜拜法，不好的現象才能解除，宅內才能平安健康。

研究主題：(2)神明發爐

■照片圖　□平面圖

一、基本資料：

1.宅址：　　彰化縣　花壇鄉

2.宅主：姓名 李　灶 君，性別 男 年次： 29 年　　月。

　（宅主以男主人，或真正負責家中經濟權之家長為主要關鍵。）

3.時間：　80 年　12 月。　（迄今仍不斷實地考證及確認）

4.補充資料：

　　　自宅供奉的神明爐突然發爐，此神爐曾在七十九年重新
開光點眼過，迄今發爐過三次。

二、研究心得：

1.宅主現況分析

八十年十一月初，配偶作惡夢，經勘查宅主流運，發現有災難，果然在十一月車禍三次。

2.問題癥結透視

配偶惡夢應驗，從流運中也知悉有難，故曾經以密法加持解厄。

3.陽宅鑑定報告

宅主在十一、十二月有車關，十一月卅日密法再度加持化解凶難，此時眾佛聚會護佑，宅中神爐因眾佛降臨，能量太高，突告發爐。

4.調整因應方法

神明爐發爐，應速買水果虔誠感激，化解凶災，祖先爐發爐，如宅中又有生病家屬或老人家，應速謀化凶之道，以解危機。

5.期效觀察記錄

李灶君在八十年十一月車關，經過事先修法化解，雖也曾三次擦撞，但已大事化為最小，虛驚一場，安然渡過。

三、綜合評論：

發爐，是人類與神靈溝通方式之一，本會另一學員曾倉杰也親自體驗此種情況，曾兄在其母死前一星期內，祖先爐連續發爐三、四次，發爐地點是在竹山鎮雲林里下橫街一二五號老家，曾云：在其母死後「頭七」時，兄弟因法事方式，意見不合而吵架，靈桌前的香爐，突然發爐，實屬罕事。

發爐，是從香爐中心地帶橫向燃燒，無形的能量，能讓香枝起火，又橫向燃燒，實在令人同感靈魂不滅的定律。八十一年五月十一日中和市自強保齡球館三樓火場，找到十九具屍體，但在下午一時三十分，在中和消防隊車庫旁祭拜亡魂時，也「發爐」，之後才又找到第二十具屍體。

研究主題：(3)龍穴砂水

■照片圖　□平面圖

一、基本資料：

1.宅址：　　苗栗縣　南庄鄉

2.宅主：姓名 明　正 君，性別 男 年次：　　　　年　　　月。

　　（宅主以男主人，或真正負責家中經濟權之家長為主要關鍵。）

3.時間：　76　年　　4　月。（迄今仍不斷實地考證及確認）

4.補充資料：

　　此宅第主人號明正，祖居南庄，歷代皆有才子。

二、研究心得：

1. 宅主現況分析

宅主號明正，兄弟三房，排行老大，任職公務員，但三子皆大學畢業，祖居此地，三代同堂，健康長壽。

2. 問題癥結透視

觀穴形，先看水口，是否有關鎖方為結地要訣，次觀來龍之走勢，再觀察山之立向，其次是砂手的配合，水局的吉凶，綜論有情與否。

3. 陽宅鑑定報告

此宅第謂「長老坐禪」穴。

形如長老坐禪形，穴在袈裟環上裁；

前有一山來作案，兒孫富貴踏金階。

4. 調整因應方法

正確。

5. 期效觀察記錄

凡穴場必背有靠，前有案，左右砂手環抱，蓋來龍砂手和穴星本合乎自然，台灣苗栗縣一帶大小山很多，穴星易見，雖形態嫌小，如有福者能得穴，也算福地。

三、綜合評論：

堪輿先生以地脈之行止起伏，名曰「龍」，有福之人，上承祖宗餘澤，下得奴僕侍奉，悠悠然而坐享其福，又曰「福龍」，故福龍首要祖宗尊貴，尤須左右四圍有帳有護，會庫旗鼓，貴器侍衛，體勢雖非正結，但亦能自成小康局面。

故福龍融結成穴，主富貴康寧，發福悠久。

研究主題：(4)案台疊障

■照片圖　□平面圖

一、基本資料：

1.宅址：　　南投縣　名間鄉

2.宅主：姓名　　　　　君，性別　　　年次：　　　年　　　月。

（宅主以男主人，或真正負責家中經濟權之家長為主要關鍵。）

3.時間：　80　年　10　月。（迄今仍不斷實地考證及確認）

4.補充資料：

　　　本圖是名間鄉受天宮前景，此景主要在觀察龍虎砂手交

錯重疊形狀。

二、研究心得：

1. 宅主現況分析

面前有案值千金，遠喜齊眉近應心；

案若不來為曠蕩，中房破財禍相侵。

受天宮香火鼎盛，乃應「面前有案值千金」一語。

2. 問題癥結透視

所謂案山，即穴前之山是也。遠而高者名「朝山」，近而小者曰「案山」。案山之用，內以收龍穴之氣，外以擋沖射之水；況穴前有案，則明堂無散氣之弊，穴前無案，則不免流於「曠蕩」。

3. 陽宅鑑定報告

尋龍經云：「凡看地看案，有案兜欄氣不渙，逆砂順案為祥，齊眉應心莫斜竄。」意即在斯焉。

4. 調整因應方法

正確。

5. 期效觀察記錄

受天宮由來香火鼎盛，主要在穴前有明堂，明堂又為平坦、朝進、寬暢，朝香者歷久不衰。

三、綜合評論：

八十年南投縣婦女大學學員印證實例中，勘察受天宮，素聞受天宮前廣場曾流傳著一句神話：「不管同時有多少人進香，宮前廣場都可容納得下。」主因就在其穴前明堂寬廣，明堂前又有案台疊障。

風水家桐公云：「明堂食邑宜寬齊，諸水朝來富可知；更愛灣環並方正，還平交鎖及平夷。」此乃至理。

研究主題：(5)辦公格局

■照片圖　□平面圖

一、基本資料：

1.宅址：　　南投縣

2.宅主：姓名　　　　　君，性別　　　年次：　　年　　月。

（宅主以男主人，或眞正負責家中經濟權之家長爲主要關鍵。）

3.時間：　78　年　10　月。（迄今仍不斷實地考證及確認）

4.補充資料：

　　本格局爲日月潭教師會館，館長辦公室擺飾，因符合主

賓分界，裡外有致，故爲記。

二、研究心得：

1. 宅主現況分析

日月潭教師會館辦公室近處潭畔，四時皆春，但外局建築形式尖角突出，主管辦公室卻適時巧妙避過，主位前瞻得宜，後顧有倚，四壁潔明。

2. 問題癥結透視

很多主管對辦公桌之採向，雖以東西四命卦來做標準，但不知辦公桌有「位」與「向」之別，以東西四命卦來擇向，位卻仍在原位沒有變更，瞭解此點，我們便知道辦公桌斜向，是否有必要了。

3. 陽宅鑑定報告

凡辦公室屋形以端肅，氣象豪雄，護從整肅為貴宅，牆垣周密，四壁光明，天井明潔，規矩翕聚為富宅，本格局主貴也。

4. 調整因應方法

正確。

5. 期效觀察記錄

天人一氣本相生，人心向善獲德成；
辦公會客隱和疏，匡正分野最得宜。

三、綜合評論：

辦公室乃主管決策之位，有隱私之密，私人辦公室與綜合辦公室之鑑定方式不同，原則是不宜大而無當，但也不宜過度狹隘，如形局匡正，藏風理氣，空氣流通而不蕩，是謂上局，抉擇之時，不可不慎，像圖中的辦公室主、客分開，光線充足，方向正確，主管得此形勢，則平安保泰，升官發財、平步青雲矣。

研究主題：(6)對稱格局

■照片圖　□平面圖

一、基本資料：

1.宅址：　　南投縣　廊下村南田路

2.宅主：姓名＿＿＿＿君，性別＿＿＿年次：＿＿＿年＿＿＿月。

（宅主以男主人，或眞正負責家中經濟權之家長爲主要關鍵。）

3.時間：　80　年　10　月。（迄今仍不斷實地考證及確認）

4.補充資料：

　　本宅爲南投縣婦女大學，學員林麗華夫婿家祖厝。

二、研究心得：

1. 宅主現況分析

「山上一朵花，不如平洋一枝草。」山龍再如何好，也不如平洋龍貴氣，本宅為三合院格局，因結構正確，故居住者長壽富貴。

2. 問題癥結透視

三合院，是中國農業時代的標準建築景觀，鑑定時應注意中心點不可轉移漏失，換句話說，三合院的廂房與正廳不可銜接。

3. 陽宅鑑定報告

對稱美，為中國風水演進過程的一個重要關鍵，三合院的龍虎邊廂房正是對稱美的一大印證。

4. 調整因應方法

正確。

5. 期效觀察記錄

鑑定時，對於正確格局均加以說明，並且告知不可把格局變更或破壞、銜接，這也是陽宅修造宜忌的主因。

三、綜合評論：

為了採討三合院建築景觀，不僅到處印證，且縝密地追尋蛛絲馬跡，依據經驗，凡宅第中心點漏失，家運會逐漸沒落，三合院龍虎邊廂房，如果沒有與正廳連接，就是標準的格局，萬一重建、改建，屋脊銜接，就災運連連家運沒落了。

本研究主題的標準三合院，建築模式，已不多見。

研究主題：(7)合院煞

■照片圖　□平面圖

一、基本資料：

1.宅址：　　嘉義縣　梅山鄉

2.宅主：姓名　阮　深君，性別　男　年次：37　年　　月。

（宅主以男主人，或真正負責家中經濟權之家長為主要關鍵。）

3.時間：　79　年　6　月。（迄今仍不斷實地考證及確認）

4.補充資料：

　　本圖主要在拍攝整個宅院，從中觀察他的中心點，位在

何處？

二、研究心得：

1.宅主現況分析

祖厝，宅主三代居住於此，曾發生過自殺、車禍喪生、及開刀。

2.問題癥結透視

本宅第無中心點，成為一個「冂」字型住宅，凡宅第無中心點，宅運日敗。

3.陽宅鑑定報告

合院煞：三合院，如果把廂房與正廳銜接，就形成了「冂」字型，中心點就跑到宅外面出來了，對居住者而言，是非常不祥的，風水學上謂之「合院煞」。

4.調整因應方法

把廂房與正廳連接處隔開三尺以上。使之成為一個「▢」二個「▯」形狀的組合，那麼三個中心點，便都在宅第中了。

5.期效觀察記錄

很多老厝是不會隨便更動的，尤其是大家族中，瞭解歸瞭解，住者也找不出那一位長者，代表出來負責拆除，故僅能列入追蹤印證。

三、綜合評論：

三合院，作者為了印證此種格局，深入苗栗縣卓蘭山區考證了幾近百間古老厝宅，發現只要沒有中心點的，虎邊已增建的，意外馬上接二連三應驗，其中最主要原因有二：

(1)中心點的重要性不可忽略。

(2)動土修造宜忌，應切實計算剋應時間、方位始可興建。

現在新型建築設計，中庭花園式的格局很多，是否犯了合院煞，請思量。

研究主題：(8)阻擋曜煞

■照片圖　□平面圖

一、基本資料：

1.宅址：　　苗栗縣　通霄鎮　和平路

2.宅主：姓名　康啓智　君，性別　男　年次：　　　年　　　月。

　（宅主以男主人，或眞正負責家中經濟權之家長爲主要關鍵。）

3.時間：　78　年　6　月。（迄今仍不斷實地考證及確認）

4.補充資料：

　　本宅宅前逢屋刀沖犯，以拱棚阻擋曜煞氣流。

二、研究心得：

1.宅主現況分析

自七十六年搬到此宅，居住後，大女兒車禍斷腿，宅主胃疾開刀，次子車禍意外受傷。

2.問題癥結透視

宅前對沖屋刀，所謂屋刀，就是對面宅第牆壁的垂直邊緣，有如一把利刃直切過來，使氣流形成尖銳的風煞。

3.陽宅鑑定報告

鑑定時，經印證搬入此宅，半年後就發生災難。

4.調整因應方法

(1)把臥室改到宅後半部。

(2)在宅前搭建一拱圓形塑膠棚架，使橫沖而來的氣流向兩邊撥散。

5.期效觀察記錄

七十八年六月鑑定之後，本來經計算宅運在八十年四月，又會有意外災難，但因棚架把不利氣流分散，故雖有意外運，但只應驗削水果時割傷手而已。

三、綜合評論：

風，忌亂、直、掠、射、急、旋，否則都稱之為風煞，如宅前有尖銳剋物，使風的性質，轉變成上述風煞時，便容易有災難發生，此時，有的宅主不明就裡，就在宅前掛鏡子、風鈴，貼符咒等，都屬無效，因為陽宅吉凶的呈顯，關鍵在風候，上述裝飾品等，不是驅邪聖品。

研究主題：(9)水神反彈

■照片圖　□平面圖

一、基本資料：

1.宅址：　　彰化縣　花壇鄉

2.宅主：姓名　李　灶君，性別　男　年次：29　年　　月。

（宅主以男主人，或真正負責家中經濟權之家長為主要關鍵。）

3.時間：　80　年　3　月。（迄今仍不斷實地考證及確認）

4.補充資料：

　　李君為本會第一期學員，從事研習陽宅，除了從自己宅第先做印證外，對實地採證研究，非常下功夫，是不可多得人才。

二、研究心得：

1.宅主現況分析

當初蓋房子時，尚不知陽宅學理論，故沒有注意到水路的對錯與應用，之後自己印證才知道水局的錯誤性。

2.問題癥結透視

葬經曰：「乘風則散，界水則止。」水流的方向分直來及直去兩種，直流沖來，會形成災難，如又逢安神方向錯誤，更是破財。

3.陽宅鑑定報告

水隔開兩方之氣，在直流水的沖擊下，沿水直沖的煞氣，致使陽宅接受的陰陽電極複雜，產生不利的影響，容易使宅主破財。

4.調整因應方法

在來水處，做一「水神反彈」秘法，使水神至此而反彈，然後再奉神接水尾，密法雖屬靈魂學範圍，但也應用了地理學，「氣聚氣散」的原理。

5.期效觀察記錄

自八十年三月立碑「反彈」之後，自己已能明顯感覺到，在財利方面已無小人暗破的跡象了。

三、綜合評論：

「水神反彈」主要在調整順水，水由宅後順流而來主破財，更由於鑑定經驗得之，直流水比反弓水凶惡得多，有的宅第前後水道為公共設施，不但無法變更，又不能加蓋，只有利用此方法加以修正。

研究主題：(10)石敢當

■照片圖　□平面圖

一、基本資料：

1.宅址：　　彰化縣　鹿港鎮　古蹟街

2.宅主：姓名　無名氏　君，性別　　　年次：　　年　　月。

（宅主以男主人，或真正負責家中經濟權之家長為主要關鍵。）

3.時間：　80　年　9　月。（迄今仍不斷實地考證及確認）

4.補充資料：

　　　本照片是在鹿港古蹟風水考證時所攝得，主要在介紹石

敢當的作用，及型態。

一、傳說

「泰山石敢當」又稱太山石敢當，相傳黃帝時代，一次蚩尤登太山（泰山）而渺天下，自呼天下誰敢當，女媧娘娘欲制其暴，遂投下煉石，上鐫「太山石敢當」，蚩尤怒視狂鬥，卻無法損太山石一角，於是悵然而逃，黃帝乃遍立「太山石敢當」，蚩尤每見太山石，就畏懼逃走，最後在逐鹿受擒，被囚於北極，成形為蟾蜍，因北極一直暗色無光，蚩尤遂吐蟾蜍光，來照爍北極（俗稱北極光），從此蚩尤與黃帝各分主陰陽世界，可是蚩尤的邪將仍不時入主陽間作惡，黃帝乃教人安置太山石敢當，豎立於道路三叉口上，以防止陰邪從陽關道直衝民宅，從此「太山石敢當」成了民間辟邪神物。

二、方式

魯班經云：「凡鑿石敢當，須擇冬至日後，甲辰、丙辰、戊辰、庚辰、壬辰、甲寅、丙寅、戊寅、庚寅、壬寅，此十日乃龍虎日，用之吉，至除夜用生肉三片祭之，新正寅時立于門首，莫與外人見，凡有巷道來沖者，用此石敢當。」

三、內容

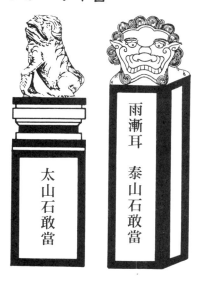

常見的石敢當有九種碑文：

(1) 石敢當。

(2) 太山石敢當（太與泰字通）。

(3) 泰山石敢當。

(4) 伏魔石敢當。

(5) 鎮邪石敢當。

(6) 安全石敢當。

(7) 大吉石敢當。

(8) 魯班作用太山石敢當

(9) 泰山石敢當止風　制煞

太極拘邪　止風
福祿石敢當
壽全拍穢　制煞
泰保拍穢

研究主題：(11)纏－纏蔓籐

■照片圖　□平面圖

一、基本資料：

1.宅址：　　南投縣　名間鄉

2.宅主：姓名　洪淑玉　君，性別　女　年次：　46　年　　　月。

　（宅主以男主人，或真正負責家中經濟權之家長為主要關鍵。）

3.時間：　80　年　10　月。（迄今仍不斷實地考證及確認）

4.補充資料：

　　此宅第蔓藤雖經常會修剪，但碰上流運不利之年，會發
生官司是非。

二、研究心得：

1. 宅主現況分析

住進此宅後，初期尚與鄰居和睦相處，但宅旁蔓籐一經纏繞，人際關係就有一百八十度的轉變，逐漸冷漠，八十年因道路及圍牆問題，與鄰居官司糾紛。

2. 問題癥結透視

宅第旁不但蔓籐相纏，前門又有鐵棚架封閉，圍牆又高築，這三項是陽宅的大忌。

3. 陽宅鑑定報告

蔓籐主陰，婦人口舌濫親鄰，瘟火事不相讓。

籐在明堂，經曰：「籐纏樹牽連，官事至板扯，相爭遭縲絏，奸盜絞縊是。」

4. 調整因應方法

最好的方式是把蔓籐全部連根拔除，或修剪清理，前庭棚架應透氣，宅旁圍牆不加高，如此能使官事以大化小。

5. 期效觀察記錄

經建議後，已在八十年十月底整理，至十二月毀損官司已與對方達成和解，侵占部份正協議中。

三、綜合評論：

住家宜明亮，忌陰、濕、穢，這是必然道理，工商業時代，講求人際關係，街坊互通聲氣，彼此和睦，是陽宅學的社區意識必修項目。

研究主題：(12)鎮－鎮歲方

■照片圖　□平面圖

一、基本資料：

1.宅址：　　南投市

2.宅主：姓名　無名氏　君，性別　女　年次：　38　年　　　月。

　（宅主以男主人，或真正負責家中經濟權之家長為主要關鍵。）

3.時間：　80　年　10　月。（迄今仍不斷實地考證及確認）

4.補充資料：

　　此宅前砂石堆，因附近建地所需，已陸續堆積半年餘。

二、研究心得：

1.宅主現況分析

經常目眩，及偶而有腳氣，尤其以配偶（主婦）為甚。

2.問題癥結透視

宅前堆積砂石，半年餘，剛開始的時候並無感覺，後來漸覺目眩，看醫生數次找不出病因，又無明顯的效果。

3.陽宅鑑定報告

宅前砂石堆，長期置放，陰陽電極混亂，宅主白天上班，家中主婦常在宅內，故宅主影響較小，反倒是主婦影響深鉅。

4.調整因應方法

應速把砂石堆理清。

5.期效觀察記錄

類似此案例不下七件，主因是砂石的雜亂電波不利，會影響：

1)眼疾

2)胎孕。

三、綜合評論：

「屋前堆砂雜又亂，太歲掩至傷眼胎。」

所以家中如有老人家或懷孕的婦女，對於宅前的堆石及砂，極有妨害，又以胎神方位觀察，如砂石堆的雜亂沖犯胎神，對孕婦也極為不利，清理時，如宅中有孕婦，還要注意胎神每日的位置，預防妄動及胎神，導致夭折或流產。

研究主題：(13)磁－亂磁波

■照片圖　□平面圖

一、基本資料：

1.宅址：　　台東縣　　關山鎮

2.宅主：姓名　黃鈞一　君，性別　男　年次：　　　年　　　月。

　（宅主以男主人，或真正負責家中經濟權之家長為主要關鍵。）

3.時間：　79　年　6　月。（迄今仍不斷實地考證及確認）

4.補充資料：

　　台東黃君爲余友人介紹，陽宅附近曜煞位有高壓電線。

二、研究心得：

1. 宅主現況分析

宅主自搬來此定居三年後，發現有胃癌。

長子娶媳婦已二年，剛懷孕的嬰兒夭折二次。

2. 問題癥結透視

宅第附近的曜煞位，有一高壓電磁場。

3. 陽宅鑑定報告

本宅第第一次鑑定時，是在七十八年，宅主發病時，已建議搬家，後來至七十九年六月再前往鑑定時，又發現連嬰兒也受不利磁場波及。

4. 調整因應方法

搬離此地，因磁波射線太強，無法可彌補。

5. 期效觀察記錄

七十八年第一次鑑定，宅主有癌症，七十九年第二次鑑定，其妻欲懷孕而難受孕。二次鑑定時，均建議宅主搬家，如未搬家，則繼續觀察。

三、綜合評論：

磁波的感應與採證，是高科技的行為，一般不具備敏銳觀察，及不用心體會的居民，很多都會排斥這種眼不見，實際卻存在的射線，本宅就是因為宅外曜煞處有高物（電壓桿），又加上高磁波的干擾，距離又近，故有以上的現況反應。

研究主題：(14)沖－沖廟煞

■照片圖　□平面圖

一、基本資料：

1.宅址：　　台中縣　大甲鎮

2.宅主：姓名　蔡明鴻　君，性別　男　年次：19　年　　月。

（宅主以男主人，或真正負責家中經濟權之家長為主要關鍵。）

3.時間：　79　年　3　月。（迄今仍不斷實地考證及確認）

4.補充資料：

　　宅主家右邊有文昌廟，本來比自宅低，但在七十八年下半年加蓋，而與自宅一樣高，七十九年三月宅主就發生車禍被撞死的意外了。

二、研究心得：

1.宅主現況分析

七十九年三月男主人騎車被撞死，家中剩下配偶及子女三人。

2.問題癥結透視

本來宅右方之廟宇比自宅低，（自宅二樓高，廟當時只有一樓高），在七十八年加建，七十九年完成後，因年干節氣一到，宅主就意外災難了。

3.陽宅鑑定報告

宅右前方銜接廟宇，叫做沖廟煞，因廟角的直射，使氣流凝聚不散，造成宅主意外死亡。

4.調整因應方法

陽宅重磁場調合，如太強，太近的不利沖射都是錯誤的，本宅我們建議宅主，應在宅前搭建拱棚，阻擋曜煞氣流。

5.期效觀察記錄

八十年二月已搭建，迄今家人尚順利、平安。

三、綜合評論：

曜煞之形成有下列條件：

(1)高度：需比自宅一樓高度還高，至少齊平，才會應驗。

(2)方位：以羅庚格出，方位不在煞位，也不是曜煞。

(3)仰角：與宅第成45°仰角。

(4)距離：與宅第距二十公尺內。（但大曜煞物在一百公尺內也應驗。）

(5)比例：與宅第之大小成正比，即曜煞愈大愈凶，愈小愈吉。

研究主題：(15)拖－拖虎尾

■照片圖　□平面圖

一、基本資料：

1.宅址：　　嘉義縣　布袋鎮

2.宅主：姓名　陳正毅 君，性別 男 年次： 46 年　　月。

（宅主以男主人，或眞正負責家中經濟權之家長為主要關鍵。）

3.時間：　78 年　 6 月。（迄今仍不斷實地考證及確認）

4.補充資料：

　　本宅拖虎邊，宅主主臥室在車庫旁的二樓上。

二、研究心得：

1. 宅主現況分析

七十六年搬入，七十七年拖尾加建車庫，七十八年四月宅主意外，七十八年五月配偶有孕流產。

2. 問題癥結透視

宅第虎邊延長，虎邊又拖尾加建，已造成氣流錯誤，是形成意外、流產之主因。

3. 陽宅鑑定報告

此宅向正南，站在宅前往外看，右邊虎邊增長，虎邊車庫拖建，車庫上面屋脊煞氣流，不利主臥室，流年一到，應驗凶禍。

4. 調整因應方法

把虎尾拖建處的車庫拆掉，或搭建虎尾寮時，不要銜接本宅。

5. 期效觀察記錄

七十八年十月已拆除拖建，迄八十年二月已順利產一男嬰。

三、綜合評論：

所謂虎尾寮是指：

宅第側旁，或後面加建違章屋，又緊連接自己的宅第，如果主臥室又在拖建的附近房間，更為不利，繼續居住後，年干流運一到，宅主就會犯凶。

研究主題：(16)射－射屋脊

■照片圖　□平面圖

一、基本資料：

1.宅址：　　雲林縣　虎尾鎮

2.宅主：姓名　洪照賜　君，性別　男　年次：　40　年　　　月。

（宅主以男主人，或眞正負責家中經濟權之家長爲主要關鍵。）

3.時間：　80　年　元　月。（迄今仍不斷實地考證及確認）

4.補充資料：

　　圖右邊宅，與左邊房舍的屋脊銜接，屢出意外受傷。

二、研究心得：

1. 宅主現況分析

搬進此宅一年後，連續意外，很多地理師找不出原因。

2. 問題癥結透視

關鍵在宅側與隔壁的屋脊銜接，俗稱「屋脊煞」。

3. 陽宅鑑定報告

本宅方位與宅主符合，宅主經常在家，所以屋脊煞的氣流，影響宅主及配偶二人，經常意外受傷。

4. 調整因應方法

本格局很難調整，不得以用密法持咒後，在屋脊銜接處護持，可改善二、三成左右。

5. 期效觀察記錄

自八十年元月調整之後迄該年十二月底，僅主婦發生過一次削水果皮小傷，以前受傷次數是一個月五、六次，現在已有明顯改善了。

三、綜合評論：

屋脊煞是屋脊直沖宅第。

一條屋脊是一條鎗，二條屋脊更嚴重，此圖中我們可以看出來宅主自己的房子，也是高低不平，氣流本來就不是很平順了，又加上屋脊煞的氣流破壞，情況更不好。

研究主題：(17)對－對尸橋

■照片圖　□平面圖

一、基本資料：

1.宅址：　　台中市

2.宅主：姓名　陳文偉　君，性別　男　年次：　28　年　　月。

　　（宅主以男主人，或真正負責家中經濟權之家長為主要關鍵。）

3.時間：　78　年　4　月。（迄今仍不斷實地考證及確認）

4.補充資料：

　　距離橋最近的宅第，自從宅主在七十八年逝世之後，迄

今無人居住。

二、研究心得：

1. 宅主現況分析

宅主搬入此宅第後第三年，應驗生意失敗投河。

2. 問題癥結透視

本宅前寬後窄，謂之後局包抄，前庭虎邊又有直橋橫臥。

3. 陽宅鑑定報告

我們知道宅主狀況之後，把格局整個列入檔案研究。

4. 調整因應方法

無。

5. 期效觀察記錄

宅主在搬入新居，第三年已意外死亡，長子住於其他地點，此宅無人居住，故沒有指導其調整，已列入考證資料。

三、綜合評論：

本宅有二個錯誤點：

(1)宅後格局不正，為宅前寬平，宅後狹窄內縮。

(2)虎邊地刑之位有橋對沖而來，犯投河格。

宅前水流是由前向後而來，所以剛搬進去的時候，事業也做得順利，但地刑年干一到，意外緊接發生。

研究主題：(18)穢－養雞場

■照片圖　□平面圖

一、基本資料：

1.宅址：　雲林縣　斗南鎮

2.宅主：姓名　張照軍 君，性別　男　年次：　　　年　　　月。

　（宅主以男主人，或真正負責家中經濟權之家長為主要關鍵。）

3.時間：　80　年　2　月。（迄今仍不斷實地考證及確認）

4.補充資料：

　　斗南張照軍兄的宅第，在勘定時，發現前面有養雞場，故為誌。

二、研究心得：

1. 宅主現況分析

母親經常偏頭痛，腳氣難行。

2. 問題癥結透視

宅前有一養雞場，興建已二年多，平常雞隻進出，數量均維持在三千隻左右。

3. 陽宅鑑定報告

張兄經我們鑑定後，說明其母偏頭痛及腳氣，乃因宅地前犯「穢」之影響。

4. 調整因應方法

本方案只能搬離此地，才有改善。

5. 期效觀察記錄

張母搬去台北次子家住，偏頭痛就不會痛了，以為好了，又搬回來住，不久又痛起來。

三、綜合評論：

宅前見穢，穢物射線已造成宅第附近磁場混亂，加上張母年齡漸長，對穢物射線抵抗力不夠，所以身體愈來愈衰弱。

張君回憶，在二年前養雞場設立之後，母親的身體就感覺明顯的不好，即可印證。

研究主題：(19)敗－頹敗局

■照片圖　□平面圖

一、基本資料：

1.宅址：　　南投縣

2.宅主：姓名　李漢強　君，性別　男　年次：　　　年　　　月。

（宅主以男主人，或真正負責家中經濟權之家長為主要關鍵。）

3.時間：　80　年　4　月。（迄今仍不斷實地考證及確認）

4.補充資料：

　　本圖主要關鍵在傾倒的圍牆，久未重修。

二、研究心得：

1. 宅主現況分析

自從房子修建開始，身體即感不適，右腳不會行動。

2. 問題癥結透視

房子破敗一半，因整建速度太慢，宅主身體日壞。

房子的後面左右邊又有二排房子，從宅第正面看，這種格局又稱推車屋，是散財、疾病的。

3. 陽宅鑑定報告

房子首先被卡車撞壞圍牆，修理圍牆時，連地基也一併整建，因速度拖延太久，宅主右腳受傷，行動不便。

4. 調整因應方法

儘速修理好宅第。

5. 期效觀察記錄

自八十年七月修好之後，身體慢慢轉好，精神也覺得好多了。

三、綜合評論：

圍牆損壞不是在北方，（八十年北方不能動土），由此可見宅主因此生病，不是動土不對的影響，而是修葺宅第拖太久，如此敗象一直存在，形成頹敗局之影響。

研究主題：(20)破－臨崖坑

■照片圖　□平面圖

一、基本資料：

1.宅址：　　南投市

2.宅主：姓名　無名氏　君，性別　男　年次：　　　年　　　月。

（宅主以男主人，或真正負責家中經濟權之家長為主要關鍵。）

3.時間：　80　年　10　月。（迄今仍不斷實地考證及確認）

4.補充資料：

此宅前臨溝渠，明堂緊逼渠側。

二、研究心得：

1.宅主現況分析

宅主腎臟不好，手腳行動不便。

2.問題癥結透視

水流直射而出，臨溝渠過度緊逼，陰濕之氣太旺，形成宅主有陰濕病症狀。

3.陽宅鑑定報告

宅命卦相符是正確的，唯近溝渠主陰寒，長住之後對身體不好。

4.調整因應方法

搬離，或長期遠行反而有利身體健康。

5.期效觀察記錄

因各種因素無法搬家，但據宅主談及，每遠行一次，或到次子家小住之後，身體就覺得好多了。

三、綜合評論：

本宅有下列錯誤。

(1)附近樹木多主陰。

(2)臨逼溝渠陰濕氣。

陰氣長期累積，慢性疾病也因而叢生。

研究主題：(21)煞－曜煞位

■照片圖　□平面圖

一、基本資料：

1.宅址：　　南投市　南崗路

2.宅主：姓名　孤隱叟　君，性別　男　年次：　　　年　　　月。

　（宅主以男主人，或真正負責家中經濟權之家長為主要關鍵。）

3.時間：　80　年　4　月。（迄今仍不斷實地考證及確認）

4.補充資料：

　　本宅在宅前右側45°有蓄水塔。

二、研究心得：

1. 宅主現況分析

原宅主為國小校長，因故車禍死亡。

2. 問題癥結透視

宅前曜煞位有蓄水池，屬重凶之物。

3. 陽宅鑑定報告

此曜煞物本來沒有搭建，後來因為了對面房舍蓄水之方便才搭建，卻成為要命的曜煞剋物。

4. 調整因應方法

拆除蓄水池，或更換方位。

5. 期效觀察記錄

原宅主去世後，現在此宅已換主人，宅主修持殷勤，或許能功德造化，逢凶化吉，但曜煞凶剋，總是不妥。

三、綜合評論：

所謂屋前曜煞，有凶物都稱之為「明堂犯劫」。

如曜煞方水來或有路沖來，或有孤木、小廟、硬物射來，主大凶，定出狂人。

天劫、案劫、地劫之位有屋脊侵射，主吐血、癆疾。

明堂有屋角侵射，又有樹木主不利，凡厝前建物高低不一，或斜切直撞，有破財、子孫好賭、愛鬥之象。

屋前曜煞有孤木，女兒發狂。

研究主題：(22)孤－孤絕宅

■照片圖　□平面圖

一、基本資料：

1.宅址：　　彰化縣　花壇鄉

2.宅主：姓名　李　灶君，性別 男 年次： 29 年　　月。

　（宅主以男主人，或真正負責家中經濟權之家長為主要關鍵。）

3.時間：　78　年　11　月。（迄今仍不斷實地考證及確認）

4.補充資料：

　　宅主李灶君，為本會第一期師資班學員，親自從陽宅學

理中來得驗證，體會最深刻。

二、研究心得：

1. 宅主現況分析

家中僅剩自己及配偶，其餘小孩均出外讀書。

2. 問題癥結透視

孤絕宅是指家中人稀少，宅第大無當，主散氣。

3. 陽宅鑑定報告

人丁出外求學謀生，是工商業社會型態必然的現象，但宅中氣散主虛，應在住後一年開始有不良跡象，包括父母身體不好，及孩子車禍意外等。

4. 調整因應方法

首先，自己已把犯沖曜煞位的大門裁短，又把污穢文昌位的廁所封閉，把錯誤的水局改善。

5. 期效觀察記錄

經過細心調整宅第之後，自己均能慢慢地體會出，宅第與命理配合的奧妙了。

三、綜合評論：

李君因興建此宅不當，在剛動土及續建之初，就已連續發生意外災禍，各派風水家又各自說法不同，於是自己下定決心學習，來一探風水地理的究竟，迄今，自己才懂得宅第的錯誤地方包括：(1)大而無當　(2)門沖曜煞　(3)水路錯誤　(4)門多而雜　(5)污穢文昌　(6)財位主破等，瞭解之後，已全部都逐漸改善了，並感覺陽宅學術的重要性。

研究主題：(23)陰－陰濕地

■照片圖　□平面圖

一、基本資料：

1. 宅址：　　花蓮縣

2. 宅主：姓名　姚有力　君，性別　男　年次：　35　年　　　月。

（宅主以男主人，或真正負責家中經濟權之家長為主要關鍵。）

3. 時間：　79　年　10　月。（迄今仍不斷實地考證及確認）

4. 補充資料：

　　宅主與子女不合，夫妻二人獨住此宅第。

二、研究心得：

1. 宅主現況分析

宅主雙腳行動不便，又有輕微糖尿症。

配偶眼睛模糊，腳易犯腳氣，行動不良。

2. 問題癥結透視

宅第四周為水稻田，主陰濕氣重，日久會有嚴重風濕及腳氣。

3. 陽宅鑑定報告

本宅為祖厝，出生時就在此地居住，未曾搬家，因四周都是稻田，卻也冬暖夏涼，但因水氣傷人，故總覺得身體不好，行動不便。

4. 調整因應方法

搬家，或加蓋二樓，儘量住在二層樓上。

5. 期效觀察記錄

八十年宅主才四十六歲，年紀輕輕，陰濕病症就已連續發作三年了，真的是宅第影響啊。

三、綜合評論：

房子蓋在自己的祖田上，雖土地免費，總是太過陰寒，有時綿綿細雨之日，腳氣瞬間發作，真是苦不堪言。

像圖中拍攝的宅第，是我們遠自花蓮鑑定攝得的，四面臨田，矗立於田中，不生病也難。

研究主題：(24)噪—噪音煞

■照片圖　□平面圖

一、基本資料：

1.宅址：　　桃園縣　大園鄉

2.宅主：姓名＿＿＿＿＿君，性別＿＿＿年次：＿＿＿年＿＿＿月。

　　（宅主以男主人，或真正負責家中經濟權之家長為主要關鍵。）

3.時間：＿＿＿＿年＿＿＿月。（迄今仍不斷實地考證及確認）

4.補充資料：

　　機場景物。

二、研究心得：

1. 宅主現況分析

受噪音影響，初期失眠，接著引起嚴重的血壓及偏頭痛。

2. 問題癥結透視

長期噪音干擾。

3. 陽宅鑑定報告

在機場旁邊的住戶都有共同的特點，就是失眠、神經質、偏頭痛，尤其是老人家為甚。

4. 調整因應方法

搬離，或屋子裝隔音設備。

5. 期效觀察記錄

宅主裝了隔音設備，及睡覺時用耳塞，已逐漸有改善了。

三、綜合評論：

凡住在機場附近的鄰居、保警、航警、憲兵、海關、稅捐、郵局、電信、銀行等單位員工，都有受噪音不斷騷擾的特點。

能搬遷的早離開了，偏偏有的單位員工宿舍都在附近，飽受折騰的機會正多著呢，鑑此，我們曾經建議有此情況者，可自行準備耳塞，求取安寧的片刻。

研究主題：(25)棺木煞

■照片圖　□平面圖

一、基本資料：

1.宅址：　　　彰化縣　鹿港鎮

2.宅主：姓名　蔡　敏君，性別　男　年次：　40　年　　　月。

　（宅主以男主人，或眞正負責家中經濟權之家長爲主要關鍵。）

3.時間：　79　年　3　月。（迄今仍不斷實地考證及確認）

4.補充資料：

　　此宅爲租厝。

二、研究心得：

1. 宅主現況分析

民國七十八年宅主的弟弟，因住在宅後小屋，生意失敗，在宅後自殺身亡。

2. 問題癥結透視

棺木煞使氣流迴流凝聚，在該長方形空地上，又有陰靈匯集。

3. 陽宅鑑定報告

棺木煞：乃宅前與宅後之間，留有長方形類似棺木狀之空地，住在裡面者，容易消極、悲觀、腦神經衰弱。

4. 調整因應方法

把宅後小屋拆除，或把宅中空地加建完成。

5. 期效觀察記錄

如宅後空屋不拆除，還會繼續有人消極、悲觀。

三、綜合評論：

氣流迴流在宅中空地，長久居住難免神經錯亂，或災難連綿，若是公家機關，非私人宅第也在所難免。

如廣州白雲機場，候機坪處也是棺木煞建築，故常有大大小小的飛機事故，使家屬常淚灑機場。

研究主題：(26)蓋棺煞

■照片圖　□平面圖

一、基本資料：

1.宅址：　　苗栗縣　通霄鎮

2.宅主：姓名　黃賜東 君，性別　男　年次：　　　年　　　月。

　（宅主以男主人，或真正負責家中經濟權之家長為主要關鍵。）

3.時間：　78　年　6　月。（迄今仍不斷實地考證及確認）

4.補充資料：

　　工廠用地，蓋棺煞建型。

二、研究心得：

1. 宅主現況分析

廠中雖生產能力不錯，但工人問題頗多，如爭吵、意外

2. 問題癥結透視

經查，並非廠主對待工人苛薄，也不是工人知識水準低落，而是大家在廠中工作，都有一股莫名的情緒不安。

3. 陽宅鑑定報告

蓋棺煞廠房是用拱圓形鐵棚架搭蓋而成，二邊也有關窗戶，但實質上幾乎等於密封形狀。

4. 調整因應方法

把窗戶數目增加範圍擴大，使內外氣流一致，才不會因不當的密閉，而影響到工人情緒。

5. 期效觀察記錄

因此部分是做為工作場所用，影響所及僅為工人情緒，如果當做住家，那麼受害的將更為快速及嚴重。

三、綜合評論：

冷謙曰：「覆載萬物的大地，其氣的表現，不只濃縮在墓地附近的風水環境而已，如古代首府國都，以致於村落市鎮，也無不順著形局分合的形勢的。」

「反彈」、「缺空」即在指氣旋的吉凶，四方角落，有洞孔空竅，或在本宅周遭環境，或在本宅入門氣孔，或在宅第之內，只要能引風吹入，應慎重瞭解其是否氣厚？氣薄？是否為煞氣？為吉氣？因此點關係居住者的命運禍福。

研究主題：(27)孤寡煞

■照片圖　□平面圖

一、基本資料：

1.宅址：　　台南縣　麻豆鎮

2.宅主：姓名　李素雲　君，性別　女　年次：　49　年　　月。

（宅主以男主人，或真正負責家中經濟權之家長為主要關鍵。）

3.時間：　79　年　5　月。（迄今仍不斷實地考證及確認）

4.補充資料：

　　宅前見磚廠煙囪，在剛搬進新居時，煙囪已存在了。

二、研究心得：

1. 宅主現況分析

宅主自搬進宅第三年之後，次女身體就一直不好，醫生診斷為腦神經衰弱。

2. 問題癥結透視

宅前煙囪正在曜煞位上。

3. 陽宅鑑定報告

孤寡煞：宅第前45°有高剋物，謂之孤寡煞。與曜煞位的重凶物類似，唯不同者，孤寡煞是高物、尖物，如樹、桿、竿、囪等謂之。

4. 調整因應方法

搬家。

否則應住在宅第的後半部，或儘可能從後半部出入。

5. 期效觀察記錄

宅主當時因次女病情，已幾乎花盡所有家當，所以是無法搬家的，老天作弄，命運就靠藥物與造化了。

三、綜合評論：

孤寡煞是在宅前曜煞位、天劫、地刑、歲方等位有高聳之物，如桿、竿、囪、柱、樹等。

本宅一方面孤寡煞形狀高大，剋力強烈，一方面又位處偏僻，人潮稀少，故影響力深。

如果是宅前曜煞方見古樹，更出瘋人，書云：「堂前有樹最堪憂，水沖樹頭出狂人。」

研究主題：(28)角射煞

■照片圖　□平面圖

一、基本資料：

1.宅址：　　台東縣　太麻里鄉

2.宅主：姓名　童冠軍　君，性別　男　年次：　41　年　　　月。

　（宅主以男主人，或真正負責家中經濟權之家長為主要關鍵。）

3.時間：　　80　年　　4　月。（迄今仍不斷實地考證及確認）

4.補充資料：

　　本宅宅後沖角射煞，此照片是從宅內往宅外攝像。

二、研究心得：

1. 宅主現況分析

結婚後有懷孕，但卻一直流產，無法平安生產。

2. 問題癥結透視

主臥室正沖角射煞。

3. 陽宅鑑定報告

角射煞：是宅外正對屋角或屋脊，不論從那一個角度來看，凡是正對角射即為不利，因此處氣流會形成尖銳，住後容易傷害，導致意外。

4. 調整因應方法

關閉窗戶，不要讓氣流直沖過來，如果角射在正門時，應以拱棚擋煞氣。

5. 期效觀察記錄

關閉窗戶，最好不要打開。

三、綜合評論：

評量風水時，氣口非常重要，陽宅上對面建築之形態，或附近缺口之位置等等，我們均謂之氣口，其長短、大小、遠近、角度，深淺等都應小心鑑識，如氣口太尖銳，形成屋角煞、屋刀尖煞、隔角煞，都稱之為角射，對宅主影響深刻。如本圖，乃指角射尖銳氣流正對沖主臥室，所以容易夭折流產。

研究主題：(29)天斬煞

■照片圖　□平面圖

一、基本資料：

1.宅址：　　宜蘭縣　宜蘭市　中正路

2.宅主：姓名　李秀娟　君，性別　女　年次：43　年　　月。

　（宅主以男主人，或真正負責家中經濟權之家長為主要關鍵。）

3.時間：　80　年　元　月。（迄今仍不斷實地考證及確認）

4.補充資料：

　　此圖片是站在自宅前向對面攝得。

二、研究心得：

1. 宅主現況分析

宅主秀娟嫂住進此屋一年之後，便連續腹部開刀二次。

2. 問題癥結透視

宅前見天斬煞，應血光、刀厄、車禍等災難。

3. 陽宅鑑定報告

天斬煞：兩屋中間的防火巷，為小通道，如剛好前面正對宅第、防火巷便稱之為天斬煞。

本宅前正沖防火巷，正是標準的「天斬煞」格局。

4. 調整因應方法

在宅前搭拱棚以阻擋氣流。

5. 期效觀察記錄

宅主在八十年二月初，已經搭建了拱圓形的棚架，以擋氣流，迄今家人皆平安。

三、綜合評論：

由圖片中，我們已明顯看出天斬煞的模樣，及深度，配偶都經常呆在家裡，故先受害，另外主臥室也不可以在宅前，儘可能在宅後，避開煞氣。

我們還可從圖中看出，天斬煞的中間有凸出狀，象意上言，剛好在配偶的腹部位置，難怪也應驗在腹瘤。

研究主題：(30)穿心煞

■照片圖　□平面圖

一、基本資料：

1.宅址：　　南投縣　鹿谷鄉

2.宅主：姓名　黃世明　君，性別　男　年次：　44　年　　月。

　（宅主以男主人，或真正負責家中經濟權之家長為主要關鍵。）

3.時間：　80　年　6　月。（迄今仍不斷實地考證及確認）

4.補充資料：

　　此照片是從穿心煞交接處拍攝而得。

二、研究心得：

1.宅主現況分析

本宅第有三房居住，二房經常意外災禍，八十年開車至竹山購物途中，車子翻落山溝，人沒受傷。

2.問題癥結透視

第二房所住的房子，是在照片中右下角的房舍，剛好自己祖厝的屋角銜接在該屋左邊部分。

3.陽宅鑑定報告

穿心煞：指二棟房舍以上的屋脊連接，又與自己房舍銜接，氣流穿脊而來，形成斜角直射，居住者容易意外，災難、刀厄、受傷。

4.調整因應方法

把銜接處隔開。

5.期效觀察記錄

在房子還沒有鑑定之前，幾乎每一年都有重大傷害，鑑定過後，期盼宅主能照著我們的建議改善，減少傷害。

三、綜合評論：

鑑定該住宅，發現有二點主要缺失：

(1)房子的造型是 ⊓ 型，中心點沒有在宅第裡面，已移轉到宅外了。

(2)正廳高，廂房底，廂房又拖建延長，使得廂房的拖建屋脊連成一串，銜接正廳二房居住處的屋脊，謂之穿心煞。

凡建築物沒有中心點是非常不好的，俗稱「家運日衰」，而又接連穿心煞，當然會有傷丁之虞。

研究主題：(31)無情煞

■照片圖　□平面圖

一、基本資料：

1.宅址：　　彰化縣　芬園鄉

2.宅主：姓名　王校長　君，性別　男　年次：　　　年　　　月。

　（宅主以男主人，或真正負責家中經濟權之家長為主要關鍵。）

3.時間：　79　年　4　月。（迄今仍不斷實地考證及確認）

4.補充資料：

　　彰化縣芬園鄉某某國小的風水觀。

二、研究心得：

1. 宅主現況分析

芬園某國小，在現任校長尚未接掌之前，學校內經常有小人、口舌、是非。

2. 問題癥結透視

校長室正好位處八風煞交會。

3. 陽宅鑑定報告

無情煞：凡建築格局有二情況均視之，一為犯八風煞，風生水起無情局，二為大而無當，氣洩不聚孤寡義。

4. 調整因應方法

把校長室搬移到另外一間有情屋，避免口舌、是非。

5. 期效觀察記錄

經調整結果，已轉趨順利。

三、綜合評論：

花東地區有很多地理依山傍海，以風水粗淺觀點言，宛如陰陽交會、結穴之處，其實不是如此簡易，因水局應沈、應靜，方為有情，海邊波浪洶濤乃是無情煞也。

風也一樣，例如台中大肚山脈，從梧棲直奔而來的風掠山而過，乃無情也。

凡公眾聚會地點，如學校、機關，主事者的辦公室，如果錯誤，影響個人事小，影響決策及行政推動方針，不可不慎！

研究主題：(32)反弓煞

■照片圖　□平面圖

一、基本資料：

1.宅址：　　南投縣　草屯鎮

2.宅主：姓名　李碧珠　君，性別　女　年次：42　年　　月。

　（宅主以男主人，或眞正負責家中經濟權之家長爲主要關鍵。）

3.時間：　78　年　9　月。（迄今仍不斷實地考證及確認）

4.補充資料：

　　此照片是站在能明顯看出反弓部份的地方而拍攝，目標在第二間宅第與路的關係。

二、研究心得：

1. 宅主現況分析

搬入居住後第一年死了丈夫，第二年又死了大兒子，現在家中僅剩配偶及次子二夫婦。

2. 問題癥結透視

此宅犯了二個錯誤點：

(1)道路反弓，弓煞正沖第二間宅第。

(2)第二間宅第，位處中間，二側房子銜接此宅，形成抬轎型。

3. 陽宅鑑定報告

反弓煞：指路或水有如弓箭彎弓，宅第剛好在弓外部分，主意外淫佚。

宅主搬入第一年，即犯桃花劫又腦溢血而亡，年四十歲也。

4. 調整因應方法

搬離此地。

或在反弓煞處，植一排龍柏以擋煞氣。

5. 期效觀察記錄

目前有母親及次子七十九年新婚，共同居住在此厝內。

七十九年下半年來，次子已漸漸因生意的關係，而夜宿不歸，經建議種樹擋煞之後，八十年下半年來，生活又回復正常順利了。

三、綜合評論：

反弓煞如果是道路反弓，容易意外災難，如果是水路反弓，容易桃花災難，但也有很明顯的反弓，如曜煞位反弓，則會有桃花劫及意外劫，二者災難同至，所以擇處而居，應非常小心。照片中的住宅，不但犯了道路反弓，又有抬轎屋之虞，雖然不是明顯的抬轎型，但就結構言，已定型了，故應驗災難重重。

研究主題：(33)丁字煞

■照片圖　□平面圖

一、基本資料：

1.宅址：　　宜蘭縣　羅東鎮　文光路

2.宅主：姓名　李明燦　君，性別　男　年次：　54　年　　　月。

（宅主以男主人，或真正負責家中經濟權之家長為主要關鍵。）

3.時間：　79　年　5　月。（迄今仍不斷實地考證及確認）

4.補充資料：

　　本照片是站在宅前拍攝，主要是能清楚地，看出宅前丁字型路，及宅前沖犯天斬煞之像。

二、研究心得：

1. 宅主現況分析

宅主七十六年搬入此宅，七十八年妻離子散，七十九年新婚，接著又車禍官非。

2. 問題癥結透視

本宅前道路為丁字路，宅第又沖犯天斬煞，雙煞齊飛，災禍立至。

3. 陽宅鑑定報告

丁字路：書云「直射官災人命禍，飄斜房內女勾欄。」

所以丁字路者，指宅前路型如「丁」，直路硬沖主哭悲，易有車禍及是非，妻離子散，財源不聚。

4. 調整因應方法

搬家。

5. 期效觀察記錄

因本宅主要求鑑定時，說明這是祖宅無法變賣，所以鑑定以後，老師僅建議其有機會應搬家，其餘並無妙法可解。

三、綜合評論：

丁字路是指宅前道路是「丁」型，氣流由兩旁直射而來，因氣急沖，意外應驗明顯。另外本宅又逢天斬煞，也是意外格局。像這類格局，有人謂可當鐵店，棺木店，公眾出入機關或場所，其實不是職業種類問題，而是人有沒有住在裡面的問題，如果是白天在此工作，晚上回家睡覺，當然是感應不明顯，但長期住在本宅就應注意凶禍了。

研究主題：(34)亂流煞

■照片圖 □平面圖

一、基本資料：

1.宅址： 台東縣 關山鎮

2.宅主：姓名 莊文卿 君，性別 男 年次： 28 年 月。

（宅主以男主人，或真正負責家中經濟權之家長為主要關鍵。）

3.時間： 80 年 4 月。（迄今仍不斷實地考證及確認）

4.補充資料：

本宅進入口有四個門，宅前又有拖建。

二、研究心得：

1. 宅主現況分析

做生意，客人來往很多，入帳也多，卻不會賺錢，而男主人也發生意外車禍摔斷腿。

2. 問題癥結透視

入門處有四個門，同時敞開可進出，宅第屋頂又凹凸拖建，形成氣流不協調。

3. 陽宅鑑定報告

亂流煞：門多時，入門之氣會有好幾個方向同時應驗吉凶，如在一年中，入門節氣都屬凶氣，此年必應意外。本宅就是在八十年，四門中有三門入凶氣，男主人便在二月出外時，遇車禍斷腿。

4. 調整因應方法

關閉其他之門，僅留一門出入即可。

5. 期效觀察記錄

鑑定後，主人已把其他的門關閉，迄今平安無事，且破財跡象也漸改善。

三、綜合評論：

宅前門多，其中二個門又碰到門前曜煞，所以我便當場建議，把其餘三門封閉，僅留一門出入。

本宅拖建格局又形成亂流，亂流及入門煞氣相互作用，使得八十年應驗意外災難，無法避免。

宅中亂流又使得宅內之人，情緒難控制，時常有爭吵鬥嘴的傾向。

研究主題：(35)道路煞

■照片圖　□平面圖

一、基本資料：

1.宅址：　　雲林縣　斗六市

2.宅主：姓名　邱太郎　君，性別　男　年次：　43　年　　　月。

　（宅主以男主人，或真正負責家中經濟權之家長為主要關鍵。）

3.時間：　78　年　7　月。（迄今仍不斷實地考證及確認）

4.補充資料：

　　本圖觀察的重點在中間宅第。

二、研究心得：

1. 宅主現況分析

自搬入新居第二年開始，惡運接踵而來，包括事業失敗，及二個小孩放學回家過馬路時，被車子撞死。

2. 問題癥結透視

道路成丁字型，一方面又略成彎弓狀，人潮特多，為南北交通要道。

3. 陽宅鑑定報告

道路煞：路成丁字型，因兩旁無其他房屋，人潮又多，所帶動的氣流由前面斜沖而來，謂之道路煞，主破財及傷丁。

4. 調整因應方法

搬家，或家人住在此宅的後半部。

5. 期效觀察記錄

因宅主無力搬離，但已把主臥室移到屋後居住，自鑑定後，情況大為好轉。

三、綜合評論：

本宅犯了兩大錯誤，第一是道路煞，陽宅之論氣，忌氣直、旺、沖，無論是道路、水局或屋脊，有此情況，對宅主而言都不利。第二是抬轎屋煞，屋型有如轎子，二旁較低的住宅，稱之轎桿，也應驗不祥。

研究主題：(36)建地煞

■照片圖　□平面圖

一、基本資料：

1.宅址：　　南投

2.宅主：姓名　無名氏　君，性別　男　年次：　　　年　　　月。

（宅主以男主人，或真正負責家中經濟權之家長為主要關鍵。）

3.時間：　80　年　10　月。（迄今仍不斷實地考證及確認）

4.補充資料：

　　圖中的建築物，因蓋了一半，適逢經濟不景氣而停頓，建築物後面的宅第因而受其影響。

二、研究心得：

1. 宅主現況分析

目眩、酸痛及血壓不穩定。

2. 問題癥結透視

工地開始蓋房子後，住在工地後的宅主就受到影響，關鍵在建地雜亂的陰陽電波。

3. 陽宅鑑定報告

建地煞：凡宅第附近的陰陽電極不穩定而雜亂，宅主居住就不平安，故建地有煞，謂之建地煞。

4. 調整因應方法

宜出國旅行稍避，或在建地動土後半個月內抽血20cc，才能改變自己的磁場射線。

5. 期效觀察記錄

宅主經建議抽血30cc避災，但該建地長期停頓，宅主身體也難以康復。

三、綜合評論：

凡建地必有煞，包括動土，雜亂的堆積物，噪音波，尖剋物等，如果自己居住的宅第附近有建地煞，身體及情緒會受影響。如果宅第恰巧又是動土不當，那麼重則必死無疑，輕則破財意外。

研究主題：(37)龍虎煞

■照片圖　□平面圖

一、基本資料：

1.宅址：　　彰化縣　秀水鄉

2.宅主：姓名　蔡閔煌 君，性別 男 年次：35 年　　月。

　（宅主以男主人，或真正負責家中經濟權之家長為主要關鍵。）

3.時間：　80　年　2　月。（迄今仍不斷實地考證及確認）

4.補充資料：

　　從照片中可以看到右側的房子拆除重建，長度比左邊的

稍短。

二、研究心得：

1.宅主現況分析

宅主中風，配偶時常偏頭痛，長子騎車七十九年意外摔斷腳。

2.問題癥結透視

宅第龍虎邊不對稱，形成虎長龍短或有虎無龍。

3.陽宅鑑定報告

龍虎煞：本宅原為三合院格局，因龍邊破舊不堪居住，所以先把龍邊拆掉，拆掉後三個月宅主即中風，長子騎車又意外，故在七十九年鑑定時，告訴宅主務必把龍邊補建。

4.調整因應方法

把龍邊補建完成，使格局成為龍虎邊一樣長。

5.期效觀察記錄

七十九年鑑定後迄今家運順利，列入追蹤個案。

三、綜合評論：

龍邊：與宅第同向，左邊為龍邊。

虎邊：與宅第同向，右邊為虎邊。

三合院必有正廳及左右廂房，左右廂房又謂之龍虎廂房，必須同長，同高，如果沒有就叫做龍虎不對稱，假如虎邊又特別長或高，居住者必意外災難。

研究主題：(38)鬼門煞

■照片圖　□平面圖

一、基本資料：

1.宅址：　　南投縣　鹿谷鎮

2.宅主：姓名　黃　氏 君，性別 男 年次：　　年　　月。

　（宅主以男主人，或真正負責家中經濟權之家長為主要關鍵。）

3.時間：　80　年　10　月。（迄今仍不斷實地考證及確認）

4.補充資料：

　　本宅山環水抱，但已一段時間無人居住了。

二、研究心得：

1. 宅主現況分析

宅主黃氏，本有一段轟烈事業，我們見他起高樓，見他樓塌了，其中必有原因。

2. 問題癥結透視

本宅山靈水秀，聚氣成穴，但因宅開鬼門，居住後如宅中女性較多，男性外出頻繁，宅中陰氣反熾，此時就成為鬼門煞了。

3. 陽宅鑑定報告

鬼門煞：宅開鬼門謂之，鬼門者，即宅向東北及西南開門。因為這一條對沖路線，是空間中的異次元經過路線，容易有陰祟鬼魅加以干擾。

4. 調整因應方法

把門改方位。

5. 期效觀察記錄

本宅因旺極一時，後衰敗不振，宅中已無人居住，真是：「想秦宮漢闕，都做了衰草牛羊野。」

三、綜合評論：

鬼門煞，是指門在鬼位，但如果是龍穴砂水沒有破敗，而人跡愈來愈少時，鬼門煞吸引地靈秀氣，是會更凶惡，如果穴場已破壞，鬼門煞就沒有什麼夢魘威力了。

本宅因穴場（此穴屬平洋龍）仍存在，故鬼門煞特別陰霾，宅主居住不平安。

研究主題：(39)陰氣煞

■照片圖　□平面圖

一、基本資料：

1. 宅址：　　苗栗縣　崎頂

2. 宅主：姓名　阮太郎　君，性別　男　年次：　45　年　　月。

　　（宅主以男主人，或真正負責家中經濟權之家長為主要關鍵。）

3. 時間：　78　年　9　月。（迄今仍不斷實地考證及確認）

4. 補充資料：

　　本宅後面有墳墓，此照片是站在宅前左方拍攝。

二、研究心得：

1. 宅主現況分析

自搬入此宅之後，夜間時見鬼魅白影，長子六歲，患血友病。

2. 問題癥結透視

此地風水絕佳，宅後又有陰墓，墓靈吸取日精月華之後，形成地縛靈，破壞宅第平安。

3. 陽宅鑑定報告

陰氣煞：書云：「寺前廟後總傷丁，墓前墓後難平安。」

此地因宅第後有小亂葬崗，長子在此宅誕生，因強烈怨靈關係，身患絕症。

4. 調整因應方法

搬家。

因住宅附近地縛怨靈太多，無法全部鎮壓，故僅能搬家。

5. 期效觀察記錄

宅主因無力搬遷，唯有祝福他。

三、綜合評論：

宅第旁一百公尺內有墳墓是最忌諱的，因陽宅建築角度的影響，是會形成獨特的陰氣煞，及鬼神經過之路。但陰氣煞也並不是都不好，如廟觀建築，就一定要把陰氣煞角度找出來，我們常看到有的廟香火興旺，有的廟香火幾乎斷絕，就是這種陰氣煞有沒有找出來充分利用的原因，廟中和尚、尼姑都沒有子女，所以有了陰氣煞之後，根本也不虞什麼絕不絕症，反而興旺了。

研究主題：(40)壓力煞

■照片圖　□平面圖

一、基本資料：

1.宅址：　　南投縣　竹山鎮　加正巷一號

2.宅主：姓名　林　氏君，性別　男　年次：　　年　　月。

（宅主以男主人，或真正負責家中經濟權之家長為主要關鍵。）

3.時間：　80　年　10　月。（迄今仍不斷實地考證及確認）

4.補充資料：

　　本照片是站在屋後與圍牆隔隙間所拍攝的。

二、研究心得：

1. 宅主現況分析

腦神經反應遲鈍，及行動不良。

2. 問題癥結透視

本宅因後面有穴場，但此穴場已被占用，形成竹山第一公墓的墳場使用地，而後牆又緊逼壓屋：故家內精神苦悶。

3. 陽宅鑑定報告

壓力煞：指自宅受四方壓力而來，形成逼迫現象，謂之。

如剛好在曜煞位或年干的太歲方，往往會應驗情緒化病症。

4. 調整因應方法

最好能把後面圍牆部分拆除。

5. 期效觀察記錄

此宅因壓力煞、陰氣煞之綜合關係，應驗了腦神經呆滯狀，如欲挽救應再配合密法修持方式了。

三、綜合評論：

壓力煞有兩種情況，一種是牆壓屋，一種是宅外有高樓緊逼，六陽不照之情況；都屬於不好，其影響輕者，情緒苦悶難抒，重者意外災難等，不可不慎。

本圖所顯示的是指宅後圍牆緊逼，後門又時常打開，讓緊逼之悶氣，穢氣集中宅內，已影響了宅主健康。

研究主題：(41)探頭煞

■照片圖　□平面圖

一、基本資料：

1.宅址：　　雲林縣　二林鎮　斗苑路

2.宅主：姓名　陳幼鴻　君，性別　男　年次：　44　年　　　月。

　　（宅主以男主人，或真正負責家中經濟權之家長為主要關鍵。）

3.時間：　78　年　10　月。（迄今仍不斷實地考證及確認）

4.補充資料：

　　本宅是站在陳君祖厝前，往前景拍攝的。

二、研究心得：

1.宅主現況分析

家中長子常與不良少年為伍，次子常在監獄渡日。

2.問題癥結透視

宅前有探頭山，形態明顯，本宅為祖厝，居住在此，兄弟個性怪異。

3.陽宅鑑定報告

探頭煞：探頭煞指的是，因探頭山所形成之煞，從宅前看過去好像宅前有一排桌子，有一個人伸出一個頭，形成好像在偷看的情形，偷看是不名譽，所以居住此宅，易有不名譽事發生。

4.調整因應方法

遷離。

5.期效觀察記錄

建議宅主搬家，但到八十年六月再度觀察印證時，尚未遷移，情況未有進步，唯有祝福他。

三、綜合評論：

堪輿書云：「前探出賊兒，後探出母舅。」

玉髓真經云：「探頭山，若眾山皆凶，則遷葬之家，出入為盜；若眾山皆吉，則主其家招賊入屋，時時有失。」

探頭之意，指前山較低，後山稍高成圓形，好似一個人伸出一個頭般，有窺伺之意，陽宅方面也有探頭山之說，這種形象之凶，是很難破解的。

研究主題：(42)字型煞

■照片圖　□平面圖

一、基本資料：

1.宅址：　　南京地區　省委招待所

2.宅主：姓名　　　　　君，性別　　　年次：　　　年　　　月。

（宅主以男主人，或真正負責家中經濟權之家長為主要關鍵。）

3.時間：　79　年　11　月。（迄今仍不斷實地考證及確認）

4.補充資料：

　　本建築為一「回」字型建築，照片是從招待所上方拍攝。

二、研究心得：

1.宅主現況分析

這棟「回」字型建築是公家機關，在此處服務人員曾自殺及墜樓。

2.問題癥結透視

「回」字型住宅，氣流迴旋囤積其中，令人消極不振，嚴重者有厭世之感，一般常反應的情況是情緒雜亂，行為囂張叛逆。

3.陽宅鑑定報告

字型煞：指建築格局如字的型狀，像此圖為「回」字型，缺乏中心點，所以容易宅運日衰，當辦公大樓都很不好了，如當住家，則更不利，易情緒不穩，消極悲觀。

4.調整因應方法

搬離或勿在此地長久居住。

5.期效觀察記錄

因大陸推行「破四舊」之後，傳統中華學術文化已被排斥殆盡，故我們僅能就格局，再從事印證而已。

三、綜合評論：

「回」字型、「七」字型、「冂」字型、「∟」型建築，都缺少中心點，圖中的「回」字型建築，中間剛好形成棺木煞氣，我們一方面為了探討陽宅是否不分國度、地區，一方面好奇，而透過在裡面服務的人員得悉，此棟宅第曾經自殺了五、六人之多，尚有一人跳樓喪生，都是住在裡面的服務同事，而一些委員因開會才來，在此處是過客，停留時間短，也就不會有意外發生。

研究主題：(43)血漏煞

■照片圖　□平面圖

一、基本資料：

1.宅址：　　　南投縣　竹山鎮　橫山路

2.宅主：姓名　無名氏　君，性別＿＿＿年次：＿＿＿年＿＿月。

　（宅主以男主人，或真正負責家中經濟權之家長為主要關鍵。）

3.時間：　80　年　10　月。（迄今仍不斷實地考證及確認）

4.補充資料：

　　本宅是在林麗琴娘家附近拍攝。

二、研究心得：

1. 宅主現況分析

癌症。

2. 問題癥結透視

本宅犯了血漏煞及位置在竹山鎮第一公墓穴場下方，又受墓場靈煞影響，居住者難免有災難絕症。

3. 陽宅鑑定報告

血漏煞：陽宅屋簷，伸出部份太短，雨水滴台階，久而久之，會造成血漏之煞，有血友病症狀，謂之。

4. 調整因應方法

搬離。

本來血漏煞，只要把屋簷改建，但因此宅不僅犯了血漏煞而已，所以環境極為惡劣。

5. 期效觀察記錄

拍攝時是婦女大學林麗琴學員指引，因恐對方情緒不佳，故沒有坦白建議，但可由林學員再繼續觀察。

三、綜合評論：

本宅犯了下列錯誤：

(1)血漏煞：屋簷水滴台階，應癌症。

(2)陰氣煞：穴場已成葬地，骨骸靈波造成陰盛陽衰，不宜住家。

(3)生物煞：宅旁及旁後接近石壁，造成極端陰濕，對身體的淋巴腺有病變機會。

研究主題：(44)生物煞

■照片圖　□平面圖

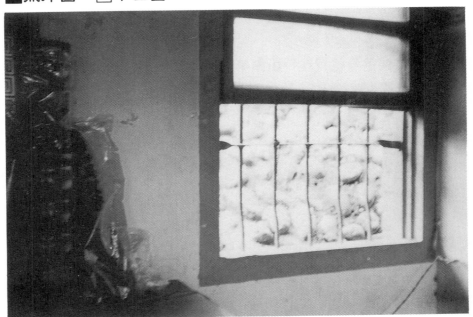

一、基本資料：

1.宅址：　　嘉義縣　梅山鄉

2.宅主：姓名　沈宏膜　君，性別　男　年次：　34　年　2　月。

　　（宅主以男主人，或真正負責家中經濟權之家長為主要關鍵。）

3.時間：　78　年　7　月。　（迄今仍不斷實地考證及確認）

4.補充資料：

　　本圖是從宅主家中往外面攝得。

二、研究心得：

1. 宅主現況分析

男主人死於喉頭長癌，已逝世，配偶本身現在又有腳瘤，女兒也有腳瘤。

2. 問題癥結透視

宅後離潮濕石壁太近，石壁上又佈滿大小石頭，使陰陽電極混亂。

3. 陽宅鑑定報告

生物煞：常見者有兩種情況：

(1) 宅旁加建不協調的小拖建屋，尤其是在白虎邊，為長硬物象。

(2) 宅後有緊逼的潮濕石壁，本案例屬第二項。

4. 調整因應方法

搬離此宅不再居住。

5. 期效觀察記錄

建議沈夫人搬離此宅居住，她已在我們鑑定後，第二個月就搬到前面不遠處的長子家居住，自七十八年迄今，腳上之瘤並沒有繼續惡化。

三、綜合評論：

本宅為祖厝，所以在鑑定前，無人向宅主提醒，不懂此現象是陽宅環境的關係，反而追訴「公媽」不平安、「惡運」纏身、「夭折的女兒」索命等，被五術界異類所誤導了。

我曾鑑定過生物煞陽宅，一是有孕婦人住進此格局房子，因而流產並開刀，一是宅四週有石壁形成陰煞混亂電極，宅主也長子宮瘤。

研究主題：(45)口舌煞

■照片圖　□平面圖

一、基本資料：

1.宅址：　　彰化縣　花壇鄉　劉厝村

2.宅主：姓名 李　灶 君，性別 男 年次： 29 年　　 月。

（宅主以男主人，或真正負責家中經濟權之家長為主要關鍵。）

3.時間： 78 年 9 月。（迄今仍不斷實地考證及確認）

4.補充資料：

本照片是李灶學員的祖厝。

二、研究心得：

1. 宅主現況分析

住在裡面常常一天到晚都是意見，有時又爭吵不停。

2. 問題癥結透視

門多口舌多，這是陽宅鑑定中有關「門數的法則」。

3. 陽宅鑑定報告

口舌煞：房宅大門有三～五個門以上，就屬於口舌煞了，犯是非及小人，所以一般風水家常說：「門不能成串」主要涵義乃在強調，門不能太多。

4. 調整因應方法

祖厝，常變異的；人有悲歡離合，月有陰晴圓缺，此事古難全，老一代的凋零了，年輕一代的逸去了，人世的滄桑，不也像宅第的演變嘛！

5. 期效觀察記錄

搬出來，住進新宅之後，這種口舌意見的情況，已大大改善了。

三、綜合評論：

三合院所存在及衍生的問題很多，一方面是格局的問題，引起的氣流迴旋，一方面當然不能否定中國農業時代，大家庭的人文背景，因為大家庭中人多口雜，勢所難免。

但我們要瞭解的是：一幢陽宅，所呈現出來的是一個象意，「什麼人住什麼房子」已成定案，隨著社會環境景觀的變異，教育的進步，三合院已漸凋零，公寓房子正抬頭興起，人是否會愈來愈孤獨？

研究主題：(46)桃花煞

■照片圖　□平面圖

一、基本資料：

1.宅址：　　台北縣　板橋市

2.宅主：姓名　楊　氏 君，性別　　　年次：　　　年　　　月。

　（宅主以男主人，或真正負責家中經濟權之家長為主要關鍵。）

3.時間：　78　年　9　月。（迄今仍不斷實地考證及確認）

4.補充資料：

　　此圖是考證楊氏家園拍攝。

二、研究心得：

1. 宅主現況分析

宅主有六妻三妾，因本案例為考證資料，取圍牆景觀，得其印證。

2. 問題癥結透視

圍牆有「觀」狀，書云：「圍牆帶觀，淫佚風流。」

3. 陽宅鑑定報告

桃花煞：圍牆有「觀」，大門有二口，宅前宅後水聲淙，門前二樣樹，都能應驗桃花煞。

4. 調整因應方法

把「觀」拆除掉。

5. 期效觀察記錄

本案乃考證所得，昔日大家宅院為了景觀，都在圍牆上加上裝飾物，如「觀」如「蓋」，如「洞」等，但也因此而帶來桃花煞的象意。

三、綜合評論：

「煙籠寒水月籠沙，夜泊秦淮近酒家。商女不知亡國恨，隔江猶唱後庭花。」念往昔繁華競逐，漫嗟榮辱，陽宅的考證工作也著實繁重，不管是牆上之「觀」，門中之「口」，宅前水「聲」，門前之「樹」，宅後之「水」，東北西南「喪朋」等格局都是桃花煞，這些象意在人間累積，當歲月的漣漪遞轉輕漾，只留下我們這些考證者的笑談回憶了。

研究主題：(47)虎口煞

■照片圖　□平面圖

一、基本資料：

1.宅址：　　南投市

2.宅主：姓名　無名氏　君，性別　　　年次：　　　年　　　月。

　（宅主以男主人，或眞正負責家中經濟權之家長為主要關鍵。）

3.時間：　80　年　　　月。（迄今仍不斷實地考證及確認）

4.補充資料：

　　　本照片之考證是由鄰居街坊得知狀況而特地拍攝，考證重點在左右整排房子，及巷尾盡頭的宅第，並非獨立個案而是小社區案例，故為記。

二、研究心得：

1. 宅主現況分析

住在照片二旁宅第人家，有六成以上身體不好，尤其以婦女居多。

2. 問題癥結透視

二旁住家中有六成婦女身體不好，又經詢問其特徵如下：

(1)主臥室在前面，即騎樓上。

(2)主婦在家機會多，如出外上班，或沒有睡午覺者病情就減輕。

3. 陽宅鑑定報告

虎口煞：整排連棟宅第的騎樓都不加柱子撐住，騎樓上當主臥室，易纏疾、是非，如果是在鬧區攤販集中處，則更有刑非。

4. 調整因應方法

騎樓上不當主臥室，可減輕凶厄程度。

5. 期效觀察記錄

考察案例，列入追蹤引證。

三、綜合評論：

該案例主要是在探討二點關鍵：

(1)虎口煞的氣流迴旋程度，及主臥室在其上所受影響的比例，和睡午覺，不睡午覺者有何區別。

(2)巷尾住宅，宅第受二排房子氣流影響，也是很不吉祥的。

研究主題：(48)淋頭煞

■照片圖　□平面圖

一、基本資料：

1.宅址：　　南投縣　鹿谷鄉

2.宅主：姓名　姑隱叟　君，性別　　年次：　　年　　月。

　（宅主以男主人，或真正負責家中經濟權之家長爲主要關鍵。）

3.時間：　80　年　10　月。（迄今仍不斷實地考證及確認）

4.補充資料：

　　此圖雖特意拍攝，但宅主爲公眾人物，僅採實證作研究

資料，名姑隱之。

二、研究心得：

1. 宅主現況分析

桃花劫。

2. 問題癥結透視

宅後見水，水聲淙淙，整日不絕。

書云：「淋頭瀑布，桃花有情。」

3. 陽宅鑑定報告

淋頭煞：宅後有水路直沖、直淋而來，如瀑淋頭，應驗破財、桃花，家運有阻。

4. 調整因應方法

把水流方位改變，或更改住宅遷移。

5. 期效觀察記錄

因該個案實際情況不可能遷移改造，故不曾建議，僅列入考核追蹤。

三、綜合評論：

因水由宅後如瀑淋頭，是不好的凶相，另外我們也印證了淋頭煞的其他個案：

(1)神後有水淋（水淋：如洗衣機、水龍頭）。

(2)主位背後有魚缸。

凡這些情況都視為淋頭煞，直接應驗是風流，本案如宅主不是住在此處，則影響減半。

研究主題：(49)梯旋煞

■照片圖　□平面圖

一、基本資料：

1.宅址：　　台中市　華美西街

2.宅主：姓名　張聰明　君，性別　男　年次：　27　年　　　月。

　　（宅主以男主人，或真正負責家中經濟權之家長為主要關鍵。）

3.時間：　78　年　11　月。（迄今仍不斷實地考證及確認）

4.補充資料：

　　本宅是張君舊宅，由其母及其弟居住。

二、研究心得：

1. 宅主現況分析

張母常有自殺念頭，又經常見到去逝親人的幻影。

2. 問題癥結透視

宅第中心點有螺旋梯形狀，宅旁又有螺旋梯，本圖是宅旁之梯，如以二梯位置比較，宅第中心點的螺旋梯不利影響較大。

3. 陽宅鑑定報告

梯旋煞：宅第中樓梯如果建設的位置不對，如在宅中心點，如在吉方，如形狀過於盤旋，則會造成宅主的意外災難，圖中之梯旋轉過度謂之梯旋煞。

4. 調整因應方法

改造螺旋梯，或把此梯以木板隔間密封住。

5. 期效觀察記錄

七十八年建議宅主改進，因格局不便的關係而一直拖延，但張母已在八十年初不幸過世，誠屬一慟。

三、綜合評論：

樓梯：笨重之物，屬於煞物，階梯分明，氣流分割，人行其上，應為動線，所以樓梯是煞物，也有亂流，也是動線等三樣的組合體。

故如果安置的方位錯誤，煞物會影響身體，亂流會影響情緒，動線會震動氣流，最好是在固定裝設之前，有專家稍加勘定，可減輕災難。

研究主題：(50)屋刀煞

■照片圖 □平面圖

一、基本資料：

1.宅址： 彰化縣 二林鎮 大成路

2.宅主：姓名 蔡懷檬 君，性別 男 年次： 55 年 月。

(宅主以男主人，或真正負責家中經濟權之家長為主要關鍵。)

3.時間： 78 年 12 月。（迄今仍不斷實地考證及確認）

4.補充資料：

本圖是在被沖屋刀宅第的內部，由內向外拍攝，住宅是本會學員的家中。

二、研究心得：

1.宅主現況分析

宅主的母親腳不會走，父親開過刀，弟弟流產。

2.問題癥結透視

世居，宅前沖屋刀，陽宅的前半部樓上，又是父母所住的主臥室，故父母先受影響，曾開刀，腳也受傷過，走路難行。

3.陽宅鑑定報告

屋刀煞：宅前面正對另一幢房子的牆壁邊緣，使尖銳的氣流迎面正衝，住後必有災難，以一至三年內發生。

4.調整因應方法

搬離。

如果情勢上無法遷離，應在宅前屋刀煞正對過來的部位，作一拱棚，使氣流排向兩旁，減輕災害。

5.期效觀察記錄

宅主是本會學員，自己對此危機意識應感受最深刻，自從做了拱棚以後，七十八年迄今未再有傷害過。

三、綜合評論：

看看照片，是否很明顯地可以看出，宅前有一片直豎的牆壁邊緣，有如菜刀正砍過來，是極度不祥的。

本宅除了前景如此之外，尚有下列不好因素，分析參考：

(1)宅前又見天斬煞，必應血光。

(2)宅後沖廟角，正沖其弟二樓主臥，流產二次。

研究主題：(51)困山煞

■照片圖　□平面圖

一、基本資料：

1.宅址：　　南投縣　鹿谷鄉

2.宅主：姓名　無名氏　君，性別　　　年次：　　年　　月。

（宅主以男主人，或真正負責家中經濟權之家長為主要關鍵。）

3.時間：　80　年　10　月。（迄今仍不斷實地考證及確認）

4.補充資料：

　　此照片是南投縣婦女大學，居家環境班實地考證中拍攝，拍攝地點在鹿谷鄉，此宅四面環山又面對高山，風水學上曰：「困山」。

二、研究心得：

1. 宅主現況分析

家運日落，宅第不興。

2. 問題癥結透視

宅前有高山，而且四面又環山，氣流迴囤在內，是不吉利的。

3. 陽宅鑑定報告

困山煞：書云：「兩肩雖可擋風，兩指雖用收水，前案高過眉眼，家運弱子孫散。」

4. 調整因應方法

遷離。

因為水土保持不良，違背陽宅學理的人文環境景觀。

5. 期效觀察記錄

本案例乃觀察攝像，並無鑑定建議。

三、綜合評論：

困山煞其實包括：

(1)困宅：四面環山，宅建其中。

(2)朝山：宅第前朝案過高，家運無法施展。

(3)挺胸：宅第面對山龍而建，此時山龍不長，僅為短龍。

如有上述三種情況，都意外、災難、厄運連連。

研究主題：(52)火星煞

■照片圖　□平面圖

一、基本資料：

1.宅址：　台中市　北區　進化北路

2.宅主：姓名　姑隱叟　君，性別　　　年次：　　年　　月。

（宅主以男主人，或眞正負責家中經濟權之家長爲主要關鍵。）

3.時間：　80　年　4　月。（迄今仍不斷實地考證及確認）

4.補充資料：

　　此圖是從側面拍攝，整棟房子成狹窄型，前後有路，一樓是店舖，二樓以上是住家。

二、研究心得：

1. 宅主現況分析

   本建築是新建的，八十年四月才蓋好六月才有人搬入。

2. 問題癥結透視

   狹長的火星煞建地，應驗是非、官司、口角，更嚴重者有凶殺災難。

3. 陽宅鑑定報告

   火星煞：住宅成三角形建地，或建築型狀如三角型。本建築是狹長三角型狀，更是特殊。

4. 調整因應方法

   搬離。或僅能當商舖店面，不能居住其間。

5. 期效觀察記錄

   本個案僅列入追蹤。

三、綜合評論：

火星煞有下列特徵：

(1)建地成三角型或建物為三角型、尖型。

(2)三角型圍牆。

(3)面對三角尖型的對面山峰。

(4)剪刀屋的延伸，比剪刀屋更高、更長。

容易發生下列災難應驗：火災、是非、口角、官司等，而本個案又是在空軍醫院旁，火星煞緊臨醫院更不吉利。

研究主題：(53)火型煞

■照片圖　□平面圖

一、基本資料：

1.宅址：　　台南縣　鹽水鎮　祖廟路

2.宅主：姓名　胡木土　君，性別　男　年次：　34　年　　　月。

　（宅主以男主人，或真正負責家中經濟權之家長為主要關鍵。）

3.時間：　80　年　3　月。（迄今仍不斷實地考證及確認）

4.補充資料：

　　本宅大門開的方向，是圖中水藍色鐵門處，為胡君的工

作場所。

二、研究心得：

1. 宅主現況分析

胡君把此處當木工廠加工外銷，八十年火災燒毀一半。

2. 問題癥結透視

以八十年節氣言，向西南宅因九星數進入影響，容易火災，本宅向西南，故焚之。

3. 陽宅鑑定報告

火形煞：房子的形狀是三角型，又配合開門方向，每年節氣不同，如果碰到屬火的九星流運氣進來，該年會應驗火災。

4. 調整因應方法

鑑定後建議宅主更改門路，但因宅主沒有住在此處，又宅第占地坪不多，而不願更改。

5. 期效觀察記錄

本個案僅列入追蹤。

三、綜合評論：

八十年朝向西南的陽宅容易火災，而本宅正好向西南，又是三角形狀建地，所以不幸「火燒厝」。

朝向西南的房子，在八十年初我們就一直在實地驗證，迄八十年十二月全省驗證的結果，凡「火燒厝」則百分之九十都是西南向，由此表示陽宅理論有其必然性，如能喚起眾人之注意，可事先避免很多災害的。

研究主題：(54)龍虎反背

■照片圖　□平面圖

一、基本資料：

1.宅址：　　彰化縣　鹿港鎮　古蹟街

2.宅主：姓名 無名氏 君，性別 男 年次：　　年　　月。

（宅主以男主人，或真正負責家中經濟權之家長為主要關鍵。）

3.時間：　80　年　9　月。（迄今仍不斷實地考證及確認）

4.補充資料：

　　本照片是從宅第下面往上面拍攝，各位可以看到兩幢房子的中間有一座天橋連接。

二、研究心得：

1. 宅主現況分析

家中以下犯上，是非、口角，身體腳氣及腎虛、偏頭痛。

2. 問題癥結透視

宅第的龍邊與虎邊，以橫跨街道的天橋銜接，為圖方便，而帶來格局的錯誤，也是始料未及的。

3. 陽宅鑑定報告

龍虎反背：以宅第正面為中心，龍邊與虎邊在房屋的正面，向後傾斜，謂之「反背」。此宅第本來不會形成本格局，但因銜接對面的另一幢樓房故成型。

4. 調整因應方法

把天橋打斷拆除，不要銜接。

5. 期效觀察記錄

家中年紀大的只剩二位，年輕人都不常在家居住，年紀大的也是醫院、家中兩頭跑，我們陽宅鑑定應以年紀輕的為印證對象，年老纏疾印證力相對減弱，故列入觀察。

三、綜合評論：

鹿港的古蹟風水考證，我們「眼看他起朱樓，眼看他宴賓客，眼看他樓塌了。」金陵玉樹鶯啼曉，秦淮水榭花開早，都容易冰消，看飽興亡，瞧盡今昔，望穿潮漲潮落。不若詐酒佯狂，那眼前片刻的剎那，其實又何嘗不是所謂的「不朽」呢！

故人，故人啊。一箋遙寄，共半夕燭光，何時再？

研究主題：(55)欄棚官符

■照片圖　□平面圖

一、基本資料：

1.宅址：　　嘉義市　延平街

2.宅主：姓名　曾明輝　君，性別　男　年次：　37　年　　　月。

　　（宅主以男主人，或眞正負責家中經濟權之家長爲主要關鍵。）

3.時間：　78　年　12　月。（迄今仍不斷實地考證及確認）

4.補充資料：

　　本圖是站在房子的裡面向外面拍攝，主要在突顯宅第前，庭院棚架的搭蓋密封情形。

二、研究心得：

1.宅主現況分析

此宅為祖厝，宅主職業為公務員，奉公守法，七十六年開始為了停車方便，在庭院空地搭上棚架，四周又密封，僅留前門出入，七十八年便惹上莫名其妙的小人官司。

2.問題癥結透視

庭院密封，影響宅內氣流流通，人際關係因而招損。

3.陽宅鑑定報告

欄棚官符：房子主要與氣流有關係，凡氣宜和順、緩、暢是謂有情，如逆、急、掠、閉是謂無情，尤其是封閉者，易影響人際關係之溝通，嚴重者形成小人暗算。

4.調整因應方法

把欄棚架拆開，使氣流暢通對流。

5.期效觀察記錄

鑑定過後，已按照建議而拆除了，自此從無是非，反而有小小的陞遷。

三、綜合評論：

「菩提本非樹，明鏡亦非台，本來無一物，何處惹塵埃。」一動一靜之間，吉凶便有致，曾君在一帆風順的官場生涯中，因買了新車無處置放，搭建了庭院，卻犯了密封的錯誤，陽宅的玄機是有一定脈絡可循的，所以我們一直保持著高度睿智的感受力，到處在觀察，是否符合理論？是否與理論脫節？這種過程與艱辛，應是耐人深思的。

研究主題：(56)凹陷煞

■照片圖　□平面圖

一、基本資料：

1.宅址：　　彰化縣　鹿港鎮　古蹟街

2.宅主：姓名　無名氏　君，性別　男　年次：　　　年　　　月。

　（宅主以男主人，或真正負責家中經濟權之家長為主要關鍵。）

3.時間：　80　年　9　月。（迄今仍不斷實地考證及確認）

4.補充資料：

　　本圖是在宅前拍攝，比較出二住宅的高低不平衡。

二、研究心得：

1. 宅主現況分析

凹陷宅是日漸沒落，家運日衰的。

2. 問題癥結透視

凹字型住宅，不論是自己的宅第如此，或旁有凹陷屋頂或陽台，使風在此處，形成風煞，也是不吉的。

3. 陽宅鑑定報告

凹陷煞：低陷住宅，四周鄰居皆高，產生的壓力從四方逼迫而來，居住在此，有志難伸，事業難成。

4. 調整因應方法

把自己的樓房加高，與隔壁高度相等。

5. 期效觀察記錄

回首年華，古蹟的巡禮，我們只能盡能力，做考證、印證的研究工作了。

三、綜合評論：

每一幢住宅都有一首傳奇的故事，有如少陵野老銀白的髮絲在風裡飄，訴說西南多少舊事，訴說孔雀東南飛，訴說涉江採芙蓉，還有李賀的鬼雨灑空草，那些悲壯激昂的故事，那些濃郁萬古的燈火，都變成一陣煙霧，轉眼間消逝無蹤。

年輕人會離開古厝故鄉而奮鬥，古厝也會幾度新舊興替，這不是風水陽宅演進過程的邏輯嗎？

研究主題：(57)凸露煞

■照片圖　□平面圖

一、基本資料：

1.宅址：　　南投市

2.宅主：姓名　無名氏　君，性別　男　年次：　36　年　　　月。

　（宅主以男主人，或真正負責家中經濟權之家長為主要關鍵。）

3.時間：　80　年　10　月。（迄今仍不斷實地考證及確認）

4.補充資料：

　　本圖從正面拍攝，可以明顯看出左右兩邊皆拖建的現

象。

二、研究心得：

1. 宅主現況分析

家運日漸下坡，且人口減少，意外頻傳。

2. 問題癥結透視

兩旁的拖建與自己宅第不成比例，故此屋不但是凸露，而且是抬轎，甚至又沖屋脊煞。

3. 陽宅鑑定報告

凸露煞：其形成有三種情形：(1)自宅興建時，就特別高聳，類似孤高。(2)自己在二旁空地拖建，使本身宅第凸出。(3)自己宅第增高，但鄰居卻沒有隨著增建，而形成凸出。

4. 調整因應方法

自己拖建的部份，應拆除，其他因素者可洽請鄰居幫助，一同增建。

5. 期效觀察記錄

本宅再更改是不太可能，有時宅主又意見頑固時，很難變更，所以只能列入追蹤印證。

三、綜合評論：

凸露煞最主要的是注意防風候，及二旁的屋脊煞，否則應驗破財傷丁。我曾經考察日本建築格局，在東京池袋區的太陽城，樓高七十層，照理論言，風煞一定很凶，但因(1)窗戶都封閉。(2)純商業大樓且住戶都是旅行的過客。所以格局就不算孤高、凸露、衝天等煞局了，否則全世界摩天大樓都犯煞了。由此可見私人住宅及辦公大樓、觀光飯店的風水評估，方法是完全不同的。

研究主題：(58)動土煞

■照片圖　□平面圖

一、基本資料：

1.宅址：　　台中市　　西屯區　　四川三街

2.宅主：姓名　蔡江柳　君，性別　男　年次：　45　年　　　月。

（宅主以男主人，或具正負責家中經濟權之家長為主要關鍵。）

3.時間：　　80　年　　5　月。（迄今仍不斷實地考證及確認）

4.補充資料：

　　本宅是站在新建房子的對面拍攝的，新建房子是一排連

棟式建築，共六間。

二、研究心得：

1.宅主現況分析

宅主開刀，住在裡面的蔡君是其姪子，為本會師資班學員，也連連大小車禍六次，妻子懷孕也有災難。

2.問題癥結透視

八十年國曆二月四日開始，至國曆八十一年二月五日止，凡自宅的中心點為主，正北方不得動土，本宅剛好是在此期間內，正北方挖土建房子，故應驗災難。

3.陽宅鑑定報告

動土煞：每年因地球公自轉的關係，與節氣的配合都有一定的方位不得動土，本宅的正北方一動，影響到蔡君家中大哥開刀，配偶生產意外，自己車禍連連。

4.調整因應方法

家中每人宜各捐血30cc，以降低血離子濃度，減輕不利影響。

5.期效觀察記錄

自八十年六月各自抽血後，災難明顯減輕。

三、綜合評論：

凡八十年北方動土者，災難應驗極高，全省案例不勝枚舉，本會在台東、花蓮、宜蘭、基隆、台北、新竹、苗栗、台中縣、市、彰化、雲林、嘉義、台南等縣市都陸續有極多的考證案例，甚至連八十年苗栗造橋大車禍主角，司機蘇君的家中也是如此。

動土的情況包括：(1)蓋房子挖地基(2)挖馬路(3)挖水溝(4)修建房子(5)埋電桿等皆是。

研究主題：(59)白虎探頭

■照片圖　□平面圖

一、基本資料：

1.宅址：　　彰化縣　鹿港鎮　古蹟街

2.宅主：姓名　無名氏　君，性別　女　年次：　　　年　　　月。

　（宅主以男主人，或真正負責家中經濟權之家長為主要關鍵。）

3.時間：　80　年　10　月。（迄今仍不斷實地考證及確認）

4.補充資料：

　　本宅在搜證拍攝時，剛好有一位婦女走出來，腳部份有

著很明顯的重傷，故為證。

二、研究心得：

1. 宅主現況分析
   腳受重傷。

2. 問題癥結透視
   本宅「白虎探頭」必有凶禍。

3. 陽宅鑑定報告
   白虎探頭：與宅第同向，「左龍右虎」，右邊是虎邊，如虎邊較長、較高，陽宅學上稱之為「白虎探頭」。氣流迴旋不吉，應驗意外、車禍、受傷、災難等。

4. 調整因應方法
   把虎邊加長部份拆除重建。
   因為本個案是搜證，並非實地鑑定，故僅求證而無建議。

5. 期效觀察記錄
   因為在拍攝當場，宅主走出來，馬上已應驗連續受傷，這是明顯的觀察驗證了，不必再追蹤。

三、綜合評論：

有很多住宅的結構與格局，我們從事專業陽宅鑑定者，都隨時會有不斷的搜證與個案追蹤，主要目的，乃在為了提出一個更有力的論證，使眾人能不斷加強趨吉避凶的效率。

本宅也是在這個情況下發現，正在拍攝時，湊巧應驗宅主意外，實是巧合也。

研究主題：(60)推車屋

■照片圖　□平面圖

一、基本資料：

1.宅址：　　彰化縣　鹿港鎮

2.宅主：姓名　無名氏　君，性別　　　年次：　　　年　　　月。

（宅主以男主人，或真正負責家中經濟權之家長為主要關鍵。）

3.時間：　80　年　10　月。（迄今仍不斷實地考證及確認）

4.補充資料：

　　本圖是站在宅後拍攝，可以明顯看出天橋，正好像推車的柄一樣地直衝前屋。

二、研究心得：

1. 宅主現況分析

自搬進此宅之後，應驗災難重重，不但開刀，且手腳都摔斷過，大兒子車禍喪生。

2. 問題癥結透視

因宅後有天橋推撞，氣流至此直射囤積，久之成為一種強烈風煞，對居住者不利。

3. 陽宅鑑定報告

推車屋：天橋直撞宅後，住宅有如被推著走一般，這種格局並不多見，但如宅後有一幢高樓大廈銜接直衝而來，也是推車屋，不可不慎。

4. 調整因應方法

搬遷。

但此宅災難關鍵是因天橋，故改造較簡單，只要把天橋拆除即可。

5. 期效觀察記錄

宅主有頑固思想，擇善固執，我們僅提出建議，無法執著其非改建不可，故本案例列入追蹤。

三、綜合評論：

對於此格局，本來是發現而已，風水理論上雖有如是說，但印證資料仍缺乏，於是李灶學員自告奮勇，暗中打探了住在此宅的鄰居，由隔壁人家的口中，才更瞭解推車屋的嚴重性，因為這宅第是古厝，本來也沒有銜接，自從民國五十年新建天橋銜接之後，問題一籮筐全來了，應驗的災難倒也不少。

星相家僅點到為止，造化弄人啊，掌握不住的，也不必為他們傷神溢淚。

研究主題：(61)背布袋

■照片圖　□平面圖

一、基本資料：

1.宅址：　　彰化縣　田中鎮

2.宅主：姓名　黃鴻輝　君，性別　男　年次：49　年　　月。

（宅主以男主人，或真正負責家中經濟權之家長為主要關鍵。）

3.時間：　79　年　4　月。（迄今仍不斷實地考證及確認）

4.補充資料：

　　本宅是本會學員住家，我們明顯地看出龍邊銜接一間小
屋，更妙的是小屋與住家間，有門相通來往。

二、研究心得：

1. 宅主現況分析

住在左邊臥室的黃學員結婚後，連續三年都流產，嬰兒都夭折。

2. 問題癥結透視

這種房子主要應驗傷丁，夫婦主臥室窗戶下有此類小屋，更應慎防墮胎、夭折、流產。

3. 陽宅鑑定報告

背布袋：又稱為「拖虎尾寮」、「埋兒屋」等，指在宅旁（不論方位）加建一間小屋，如雞舍、狗屋或儲藏室、工作間車庫等，距離愈近，影響愈大。

4. 調整因應方法

拆除宅旁小屋。

5. 期效觀察記錄

七十九年四月鑑定，黃學員在五月拆除，至八十年三月已懷一胎，現正待產中。

三、綜合評論：

「背布袋屋」全省案例也極多，很多宅主都是因為宅旁有空地，空著可惜就增建了，又有很多宅主也認為後面庭院或防火巷，空著可惜把它用來擴建，拖建成廚房，無形中也形成拖虎尾寮屋，是非常不智的。可見，人的慾望不必貪求，有足夠的空間運用即可滿足，一飲一啄，一得一失莫非前定。

研究主題：(62)直衝屋

■照片圖　□平面圖

一、基本資料：

1. 宅址：　　彰化縣　花壇鄉

2. 宅主：姓名　李　灶君，性別　男　年次：29　年　　月。

　（宅主以男主人，或真正負責家中經濟權之家長為主要關鍵。）

3. 時間：　78　年　11　月。（迄今仍不斷實地考證及確認）

4. 補充資料：

　　　本圖主要關鍵在巷尾的宅第，我們是站在巷前向巷尾拍

攝的。

二、研究心得：

1. 宅主現況分析

宅主目前已經搬離了，是位檢察官故居，住在此宅時身體常意外、災難及久病纏疾。

2. 問題癥結透視

巷道的氣流太旺，又加上兩旁直衝而至的建築物，當然難平安了。

3. 陽宅鑑定報告

直衝屋：風水講「風」，風乃「氣」，氣忌直、射、掠、衝等，本案例就是直風及射風，對宅第言是不吉祥的。

4. 調整因應方法

搬離。

5. 期效觀察記錄

搬離後，效果即明顯改變了。

現在此宅無人居住，本會是經李灶學員指引，在其妹住宅旁拍攝及印證。

三、綜合評論：

這棟宅第是在李學員妹妹的鄰居，一切家事，當然李灶之妹非常清楚，當我們知道其結果之後，便告訴李學員定期追蹤印證，果真在此宅主搬家之後，災難纏疾就痊癒了，所以目前宅主瞭解後，也不敢再輕易回來居住，剩下故居，等待機會再重建。

研究主題：(63)品型屋

■照片圖　□平面圖

一、基本資料：

1.宅址：　　宜蘭縣　坪林鄉

2.宅主：姓名　蘇子山　君，性別　男　年次：　28　年　　月。

　（宅主以男主人，或眞正負責家中經濟權之家長爲主要關鍵。）

3.時間：　78　年　9　月。（迄今仍不斷實地考證及確認）

4.補充資料：

　　本宅的後面衝接左右兩棟房子，我們是站在宅後向後面

拍攝的。

二、研究心得：

1. 宅主現況分析

口舌、紛爭、散財，自搬進去住之後，三年來困擾異常。

2. 問題癥結透視

本宅與後面左右二宅第形成「品」字的倒品型。

因氣流的迴旋及由宅後中間直射，非常不利。

3. 陽宅鑑定報告

品型屋：品型屋是字型屋的一種，凡房子成「品」字，不論其排列為「品」或「呂」皆是，應驗是非極多。

4. 調整因應方法

搬家。

5. 期效觀察記錄

建議宅主搬家，宅主因經濟關係，目前無法實現，但沒有搬離，是非仍不斷。

三、綜合評論：

「品」宅有下列排列：

(1)直看為「呂」又稱推車屋，前宅被後兩宅推。

(2)豎看為「品」又稱凸露宅，鄰居低，自宅高聳。

本個案是第一類，前宅被後兩宅推，兩宅中間又有天斬煞直射宅後，形成氣流的錯誤，應驗不吉。

研究主題：(64)掃帚屋

■照片圖　□平面圖

一、基本資料：

1.宅址：　　台東縣　關山鎮

2.宅主：姓名　姚有力　君，性別　男　年次：　48　年　　　月。

　（宅主以男主人，或真正負責家中經濟權之家長為主要關鍵。）

3.時間：　79　年　11　月。（迄今仍不斷實地考證及確認）

4.補充資料：

　　本宅可以看出前面高後面低，一直由前至後拖建。

二、研究心得：

1.宅主現況分析

損財、傷丁，賺錢之後卻無法聚財，目前負債累累。

2.問題癥結透視

拖建宅尾，而且形狀如「—≪」（側面看如掃帚），不但屋內亂流，且前高後低。

3.陽宅鑑定報告

掃帚屋：「我們拍攝的時候，宅主剛好因次子意外車禍（傷丁），趕往醫院探視，人不在，拍攝完不久宅主回來，與其閒聊，才知道真正的家內事，聽了令人心酸。

4.調整因應方法

搬離，或拆除掃帚尾的部份。

5.期效觀察記錄

宅主表示無法拆除，故列入追蹤觀察。

三、綜合評論：

世上有很多事情，知與改是兩回事，如果真的凡「知道」之後，都能「改正」的話，世上一定是理想的伊甸園。

「人有悲歡離合，月有陰晴圓缺，此事古難全。」把酒問青天，不應有恨？不應有恨？

瞧盡陽宅格局，細細的回想，「太為別人著想」也是一種病症麼？此時，我又聯想起醇美的葡萄酒了。

研究主題：(65)抬轎屋

■照片圖　□平面圖

一、基本資料：

1.宅址：　　南投縣　鹿谷鄉　小半天

2.宅主：姓名　劉茫妹　君，性別　男　年次：　45　年　　月。

　（宅主以男主人，或真正負責家中經濟權之家長為主要關鍵。）

3.時間：　78　年　12　月。（迄今仍不斷實地考證及確認）

4.補充資料：

　　此照片是站在宅前右前方拍攝的，整棟房子中間凸起部份為住家，左右二邊凹下部份為倉庫。

二、研究心得：

1. 宅主現況分析

宅主配偶不會走路，雙目幾近失明，獨子車禍五次，做生意破財五百萬。

2. 問題癥結透視

兩邊凹陷的倉庫屋脊，有如二支箭，射向何方？
可從照片中明顯地看出來，如此經年累月直射，能平安嗎？

3. 陽宅鑑定報告

抬轎屋：樓房頂端有小屋，前後留空地，或中間宅第高，左右二屋低陷，
有如轎柄，屋脊直射轎屋。

4. 調整因應方法

拆除兩邊小屋，或拆開小屋與宅第銜接部份，各離開六公尺遠。

5. 期效觀察記錄

列入追蹤印證。

三、綜合評論：

這種屋型，主家庭生亂、事業失敗，宅主不能雙全，易犯桃花劫、賭貪飲
色、樣樣來，又逢年干一到也應驗意外、破財。
鑑定時，我們告訴他應拆除，但宅主擇善固執，所以也看老天造化了。

研究主題：(66)閉氣屋

■照片圖　□平面圖

一、基本資料：

1.宅址：　　雲林縣　斗六市

2.宅主：姓名　秦偉兆 君，性別　男　年次：　41　年　　　月。

（宅主以男主人，或眞正負責家中經濟權之家長爲主要關鍵。）

3.時間：　79　年　10　月。（迄今仍不斷實地考證及確認）

4.補充資料：

　　本圖是站在宅中心向天井拍攝的。

二、研究心得：

1. 宅主現況分析

本宅為新改建，改建之後第二年開始，宅主心臟機能開始明顯不好，又易怒、疾病多。

2. 問題癥結透視

房子留有天井，又無後門，便宅中氣流上昇下降無法協調，人居其中，周旋於亂流內，當然有難了。

3. 陽宅鑑定報告

閉氣屋：所謂閉氣有二種特徵：

(1)宅第獨幢式，但無後門及極少窗戶。

(2)宅第中間有天井，雖下面加蓋密封，但氣流凹凸不祥和。

4. 調整因應方法

把天井重新修建過，在應該開窗及能夠開窗的地方開窗。

5. 期效觀察記錄

工程太大，無法輕易變更，列入觀察記錄。

三、綜合評論：

這棟住宅的主人很富有、格局壯觀，但犯了下列錯誤。

(1)人少屋大，犯氣洩不當，影響散財。

(2)宅中留井，犯氣空不當，影響心臟。

(3)宅中無窗，犯封閉氣流，影響情緒。

因為這幢住宅很特殊，所有窗戶都留在天井附近，反而與外面交界處都封閉窗戶，大概是預防偷搶吧！

研究主題：(67)中凶屋

■照片圖　□平面圖

一、基本資料：

1.宅址：　　嘉義縣　中埔鄉

2.宅主：姓名　黃碧妹　君，性別　女　年次：44　年　　　月。

（宅主以男主人，或真正負責家中經濟權之家長為主要關鍵。）

3.時間：　79　年　11　月。（迄今仍不斷實地考證及確認）

4.補充資料：

　　本圖是宅後拍攝的，主要是讓各位看其宅後低陷的部份。

二、研究心得：

1. 宅主現況分析

房子住進去已經五年，這幾年來發生過車禍、開刀、腎結石及配偶買菜時被搶錢。

2. 問題癥結透視

本宅氣流已經雜亂無章了，宅前客廳部分較低，中間臥室部份卻填高，後面廚房部份又低陷，然後又連接違建小屋。

3. 陽宅鑑定報告

中凶屋：一棟房子，居中部份突起升高，形成前低、中高、後低的形狀，氣流當然雜亂不穩定了。

4. 調整因應方法

填平所有地基，使其前後高低一致。

5. 期效觀察記錄

宅主在鑑定後隔天，馬上叫了三車泥土來填平了，迄今身體覺得很順利。

三、綜合評論：

房屋的格局是很複雜多變的，人都有嗜好習性，當然依此嗜好與習性，所居住的環境也不同，從這麼多樣化下，去理出一個吉凶的脈絡，更應排除艱難，不可作封鎖式的研究，與閉門造車鑽象牙塔的工作。

「天末白雲暗四垂，失行孤雁逆風飛，江湖寥落爾安歸！」

想起了古書所言，風水學術的印證是孤雁？安歸麼！

研究主題：(68)高低屋

■照片圖　□平面圖

一、基本資料：

1.宅址：　　花蓮市　助人街

2.宅主：姓名　藩阿貴　君，性別　女　年次：　38　年　　　月。

（宅主以男主人，或真正負責家中經濟權之家長為主要關鍵。）

3.時間：　80　年　3　月。（迄今仍不斷實地考證及確認）

4.補充資料：

　　本圖是站在馬路上向宅第拍攝，可以明顯看出本宅低於

道路很多。

二、研究心得：

1. 宅主現況分析

風濕、腳氣，不良於行，一年內騎車摔倒六次。

2. 問題癥結透視

本來厝宅是與道路同高，但因馬路挖掘後，一再翻修填土，故比宅第還要高三公尺以上，災難接踵而來。

3. 陽宅鑑定報告

高低屋：宅第比道路低，形成道路的陰濕氣、水氣向宅內直沖而來，影響居住者平安，謂之。

4. 調整因應方法

填高宅第地基，或搬離，如填高有困難，可把一樓當地下室封閉使用，人住在二樓以上。

5. 期效觀察記錄

建議過宅主，但我們可以看出，這是一幢一樓建築物，根本沒有二樓可資利用，故宅主說有機會要重建云爾。

三、綜合評論：

風水講究自然無為，厝宅本來與道路同高，因人為的修建馬路而破壞了風水，所以很多人說高速公路修建之後，破壞了沿線很多龍穴，是耶，但做為一位理性的陽宅師，應自我認定，自然與進步應是並行不悖的，如果一昧為了保持環境的純自然，而不求修築，不考慮社會進步，那麼人類就會永遠停留在亞當、夏娃的時代了。

研究主題：<u>(69)水路屋</u>

■照片圖　□平面圖

一、基本資料：

1.宅址：　　<u>台中市　北區</u>

2.宅主：姓名　<u>杜大媽</u>　君，性別　<u>女</u>　年次：<u>27</u>　年　　　月。

　（宅主以男主人，或真正負責家中經濟權之家長為主要關鍵。）

3.時間：　<u>80</u>　年　<u>元</u>　月。（迄今仍不斷實地考證及確認）

4.補充資料：

　　　本宅是站在宅前向宅後拍攝，並且清楚地顯示出水路

來。

二、研究心得：

1. 宅主現況分析

住此宅五年來，吵架、夫妻桃花不斷、口舌、破財連連。

2. 問題癥結透視

水路順著他的宅第右側，由後向前流過，造成水局、水道的嚴重錯誤。

3. 陽宅鑑定報告

水路屋：水路的流向，在風水學術裡是採順逆美，即順者不美，逆者才美，逆者就是水由宅前向宅後流，而且不能直射及正沖。

4. 調整因應方法

除非貴人出現，以水神反彈法調整水路，否則破財、桃花、出牆韻事仍多。

5. 期效觀察記錄

列入觀察追蹤印證。

三、綜合評論：

水路屋其實是有兩種情況的：

(1)水由宅後直流向宅前，形成順水流勢。

(2)房屋連接的門，頂上有槽，會匯聚成流水。

均主災病、怪疾，如聞水聲則又應驗風流淫蕩。

本宅宅主為台中市卸任議員，因宅側流水之關係，家居生活不正常。

書云：「常留老伴守空枕，情緒來時折騰兒。」故特誌之。

研究主題：(70)寒肩屋

■照片圖　□平面圖

一、基本資料：

1.宅址：　　台中市　北區

2.宅主：姓名　李布帆　君，性別　男　年次：　58　年　　月。

（宅主以男主人，或真正負責家中經濟權之家長為主要關鍵。）

3.時間：　80　年　元　月。（迄今仍不斷實地考證及確認）

4.補充資料：

　　此宅本來沒有拖建屋頂，後來裝潢時，順便拖建，拍攝地點是在其宅前。

二、研究心得：

1.宅主現況分析

破財、跳票、跑路，人兒不見了，留下一股腦兒債務事，連地也要變賣。

2.問題癥結透視

寒肩屋的氣流很特殊，是從屋頂直直斜貫而下，此屋僅留一門，其餘都無窗戶，故住了還未到一年，就情緒不穩，意志消沈倒閉了。

3.陽宅鑑定報告

寒肩屋：宅第的屋頂凹凸不平、傾斜、或中間拱起皆謂之。本宅是屬於屋簷傾斜狀。

4.調整因應方法

拆掉重新修葺。

5.期效觀察記錄

因宅主已破財倒閉跑路了，所以無法列入追蹤，僅當作如此宅第，在風水理論中影響程度的一種印證罷了。

三、綜合評論：

本來這幢房子是新建的，李君是年青畫家兼設計家，住了半年，突然心血來潮，就開始重新裝潢修建，把宅改成圖中「寒肩屋」模式，完工後搬入未到半年，生意就連續被跳票，又給朋友背書被連累，而整個事業也畫上休止符。

很多藝術家，對陽宅的設計偏向唯美主義，及自我審美的要求，但請別忘記，加上風水學術，會更富貴的。

研究主題：(71)龜頭午

■照片圖　□平面圖

一、基本資料：

1.宅址：　　台南縣　新營市

2.宅主：姓名　　　　　　君，性別　　　年次：　　年　　月。

　（宅主以男主人，或真正負責家中經濟權之家長為主要關鍵。）

3.時間：　79　年　6　月。（迄今仍不斷實地考證及確認）

4.補充資料：

　　圖是新營市台南縣政府，本圖是在左側前方拍攝的。

二、研究心得：

1. 宅主現況分析

本辦公大樓是在印證七十四年底縣市長選舉時，因選票作業，被圍攻縣府，差一點形成群眾大暴動及火燒縣府。

2. 問題癥結透視

縣府是龜頭午格局，在七十四年正南方向，九星節氣入七赤，七赤屬金性，正南為火，火金相剋故為禍。

3. 陽宅鑑定報告

龜頭午：凡正南向的宅第，前面有一格局凸出，節氣流運年干犯五行相剋時，該年必應凶禍。

4. 調整因應方法

公家機關難調整，如是私人宅第，應把前面凸出部份拆除。

5. 期效觀察記錄

僅列入考證之用。值得一提的是，在八十年十二月二十日二次國代選舉，縣府又因多印選票八萬張引起糾紛，八十年正南向四綠氣入，又逢文昌化忌故應驗，誰說沒有風水之說呢。

三、綜合評論：

目前一般公家機關的格局，很多是屬於前凸形，但不是向正南的就不算龜頭午，「午」者，正南也，故謂之。

筆者為了考證此類格局，到大陸南京考證當時總統府，也是龜頭午格局，正南向，恰巧在民國三十八年，年干節氣流運五行相剋，而應驗「政府遷台」。

想到此；我只想在江闊雲低的草茅中，裊縷香煙的僧廬下聽風，真的是，夜裡無夢，無雨。

研究主題：(72)娥眉水

■照片圖　□平面圖

一、基本資料：

1.宅址：　　嘉義市　中山路

2.宅主：姓名　黃銘宏　君，性別　男　年次：　56　年　　　月。

（宅主以男主人，或真正負責家中經濟權之家長為主要關鍵。）

3.時間：　78　年　8　月。（迄今仍不斷實地考證及確認）

4.補充資料：

　　本宅是在宅前拍攝，主要是表現在宅前的娥眉狀道路，

及埋在路下的水溝路（紅筆表示者）。

二、研究心得：

1.宅主現況分析

宅主的次子，在剛興建後搬入居住，住後一年娶妻，第三年第二胎生男雙胞胎，當時水溝尚未填蓋，後來才封蓋上的。

2.問題癥結透視

書云：「黛色娥眉如彎月，雙水彎弓雙娥眉，家中定出雙胞兒。」

3.陽宅鑑定報告

娥眉水：二水或二路彎抱或彎弓過宅第，狀如眉彎如新月。

鑑定時，宅主的次子剛娶妻，應驗雙胞胎，也算是風水的絕妙。

4.調整因應方法

不必調整，因為並不想再生育了。

5.期效觀察記錄

列入驗證記錄。

三、綜合評論：

古云：「水者，龍之血脈，穴之外氣，來龍非水送，無以明其跡，結穴非水界，無以明其止，龍穴端賴水為證應。」由此可知龍水是相成者也，但平地之水路當求水溝，此案例是指水溝與道路成雙帶過本宅，故為娥眉。

研究主題：(73)半拆屋

■照片圖　□平面圖

一、基本資料：

1.宅址：　　苗栗市　南苗

2.宅主：姓名　無名氏 君，性別　　　年次：　　　年　　　月。

（宅主以男主人，或眞正負責家中經濟權之家長爲主要關鍵。）

3.時間：　79　年　11　月。（迄今仍不斷實地考證及確認）

4.補充資料：

　　本圖是鑑定時拍攝，宅主尚住在其中。

二、研究心得：

1. 宅主現況分析

房屋因七十八年修道路拆除一半，宅主認為僅拆一半沒有影響，一直住在裡面，七十九年二月中風，現半身不遂。

2. 問題癥結透視

拆房子時犯了動土煞，宅主又沒有離開，感應不祥戾氣，身體就會一直不好。

3. 陽宅鑑定報告

半拆屋：房屋因故（不管是開路、修建、災害等）而破損一半，留下一部份，如仍繼續居住，久病纏疾，難癒。

4. 調整因應方法

搬離此厝宅一段時間，等到動土之煞氣自然消除，房子也修建整理好了，再搬入居住。

5. 期效觀察記錄

因宅主又中風，雖然有提過建議，但無處可搬，也著實可憐，列入追蹤。

三、綜合評論：

半拆屋是很容易應驗災難的，其原因如下：

(1)動土犯了土煞，又逢年干不能動之方位，一動必亡。

(2)房屋拆除也是修建，有動之煞氣。

人如果住在房子內，最好不要妄加修建，或隨意拆除，否則已穩定的氣流又被破壞了，就更容易造成災害。

研究主題：(74)破財屋

■照片圖　□平面圖

一、基本資料：

1.宅址：　　雲林縣　古坑鄉

2.宅主：姓名　無名氏　君，性別　男　年次：　40　年　　　月。

　（宅主以男主人，或真正負責家中經濟權之家長為主要關鍵。）

3.時間：　80　年　3　月。（迄今仍不斷實地考證及確認）

4.補充資料：

　　本圖從宅內向門外拍攝，主要在突顯出門多應驗口舌、

破財。

二、研究心得：

1. 宅主現況分析

破財，家中有財不聚，又常口舌、爭論。

2. 問題癥結透視

門很多，在不該有門的地方也開門，使得宅氣流失不聚，影響宅內家人射線，形成浪費。

3. 陽宅鑑定報告

破財屋：宅中有固定的財位，每幢宅第的財庫位置都不相同，能不能聚氣生財，完全是看財位是否得宜，如財位有門就不對了。

4. 調整因應方法

把財位的門封閉起來，宅第是強調富貴，如僅著意於方便，大開無數的門，那麼就與住在棚架、倉庫中無異了。

5. 期效觀察記錄

建議之後，宅主已把財位之門封閉不開，財路也有明顯改善了。

三、綜合評論：

財位之利用有下列方式，可補充不足之生氣：

(1)在財位上養魚，魚主水也，金水相生，金乃財也。

(2)在財位上置盆景，取其生氣及綠意盎然。

財位的看法有很多說法，每一派說法，都經作者印證經年，花費了不少功夫，因每間房子方位都不相同，為求慎重起見，應個案鑑定才不會誤導。

研究主題：(75)剪刀屋

■照片圖　□平面圖

一、基本資料：

1.宅址：　　新竹市　中華路

2.宅主：姓名　無名氏　君，性別　女　年次：　58　年　　　月。

　　（宅主以男主人，或真正負責家中經濟權之家長為主要關鍵。）

3.時間：　80　年　10　月。（迄今仍不斷實地考證及確認）

4.補充資料：

　　本宅是站在宅前拍攝。

二、研究心得：

1.宅主現況分析

該宅在興建之初，就摔死了一位工人，居住後三年來，宅主曾發生過二次意外。

2.問題癥結透視

(1)宅型呈三角火煞地，宅旁兩側又有道路彎弓，狀如剪刀。

(2)宅前八十年又北方動土。

3.陽宅鑑定報告

剪刀屋：房子本身呈三角型建地，兩側有路斜飛而過，一面道路又呈反弓，謂之，應驗是非、意外、凶殺。

4.調整因應方法

搬家。

5.期效觀察記錄

列入追蹤印證。

三、綜合評論：

本宅在驗證時，是屬大凶兆，而且剛興建時就摔死工人，應是凶宅，但宅主三年來卻僅輕微意外二次，令作者十分訝異，經查原因如下：

(1)虔誠佛教徒，長期吃素齋，心中毫無貪奢欲望。

(2)助人為快樂之本，累積不少陰德。

(3)八十年北方動土，幸好宅主在每年三月都有捐血30cc，恰巧避過災厄。

研究主題：(76)枯井煞

■照片圖　□平面圖

一、基本資料：

1.宅址：　　彰化縣　花壇鄉

2.宅主：姓名　李　灶　君，性別　男　年次：　29　年　　月。

　（宅主以男主人，或真正負責家中經濟權之家長為主要關鍵。）

3.時間：　80　年　元　月。（迄今仍不斷實地考證及確認）

4.補充資料：

　　本圖是李灶妹妹家中附近之枯井，攝影為誌。

二、研究心得：

1. 宅主現況分析

此井曾經有人跳井自殺，之後就經常有鬧鬼傳言，連小孩也言之鑿鑿，李君之妹妹睡覺時也被波及，不但夢魘也鬼壓不斷。

2. 問題癥結透視

井，主要不祥癥結在：

(1)地靈低：井開何處，都是地靈極低，日久累積陰濕地氣。

(2)怨靈多：井為積水的危險區，人畜接近有失足之可能，怨靈多。

3. 陽宅鑑定報告

枯井煞：陽宅鑑定中，有時發現有不祥古井，如果沒有慎重處理，即使宅第格局正確，倘在運弱時，難免也有一些靈異之事發生，所以井是易有凶煞的。

4. 調整因應方法

不用時應擇日填滿，如真要使用時，也應加蓋，才不致犯了五行的「洩金」。

5. 期效觀察記錄

經作者以泥土填滿古井，並祭陰魂之後，鬼魅不再。

三、綜合評論：

「觀自在菩薩，行般若波羅密多時，照見五蘊皆空，度一切苦厄，舍利子！色不異空，空不異色，色即是空，空即是色；受想行識，亦復如是。」

陽宅師的心路歷程是淘不盡的，周遊列國的孔老夫子，摩頂放踵的墨子，聲嘶力竭的孟子，和苦行修佛的釋尊，拋棄了榮華富貴，居住於孤冷的廟堂，荒涼的森漠，他們的心慷和操守，是一昧想拯救眾生的啊！鑑於此，我們的研究能停止腳步嗎？

研究主題：(77)神位煞

■照片圖　□平面圖

一、基本資料：

1.宅址：　　雲林縣　古坑鄉

2.宅主：姓名　黃明亮　君，性別　男　年次：33　年　　月。

（宅主以男主人，或真正負責家中經濟權之家長為主要關鍵。）

3.時間：　80　年　6　月。（迄今仍不斷實地考證及確認）

4.補充資料：

安神應開光點眼，否則容易入魔，本圖是在重新安神時拍攝的。

二、研究心得：

1. 宅主現況分析

宅主近來覺得神經兮兮，他說看到觀世音菩薩，就會有激情之感覺。

2. 問題癥結透視

安神時沒有開光點眼，神位前後左右見空，此時神位已入魔神，讓虔誠膜拜者產生幻覺了。

3. 陽宅鑑定報告

神位煞：凡神位未經上師開光，隨意膜拜，或神桌旁有漏洞，均謂之神煞，久之會有神經錯亂感覺，與常人行為不同。

4. 調整因應方法

重新把神位開光點眼。

5. 期效觀察記錄

重新安神清淨之後，宅主已清醒正常，幻象也消失了。

三、綜合評論：

神，自古以來人類就相信其不同空間的存在性，經作者在靈魂學上不斷鑽研及探討，也印證了神鬼靈魂能量的確實存在。所以膜拜者應該注意，下列條件，以免入魔：

(1) 地點清淨才能安奉神位。

(2) 勿隨意靜坐學習出竅，否則一旦靈魂異常，非常費心。

(3) 應請有修為的上師，開光點眼奉請高靈降臨護佑。

研究主題：(78)門位煞

■照片圖　□平面圖

一、基本資料：

1.宅址：　　南投縣　草屯鄉

2.宅主：姓名　李　君君，性別　男　年次：　31　年　　月。

　（宅主以男主人，或真正負責家中經濟權之家長為主要關鍵。）

3.時間：　　80　年　　　月。（迄今仍不斷實地考證及確認）

4.補充資料：

　　　本照片是草屯鎮李君的房子，租給別人經營餐飲店，80

年火災，照片是從宅第前面拍攝的。

二、研究心得：

1. 宅主現況分析

本宅是出租店面，宅主因宅第有好幾棟，其中這一棟就租給朋友做餐飲業，不幸逢火災而燒得面目全非。

2. 問題癥結透視

八十年依據陽宅九星流運理論推測得之，宅向西南、正西者，容易火災、本宅立向符合，配合節氣、命卦之關係，得以印證。

3. 陽宅鑑定報告

對於火災宅第，是採印證說，而非鑑定說，因為火災的發生是具有某生物射線的某人，住在某立向的房子，在某年度進入某節氣，氣團的不協調，對某宅第的物品產生引燃的現象。

4. 調整因應方法

對火災屋的鑑定，如予以事先警示，能減輕災情，但也防不勝防，因為在本宅第內，引燃點太多，鋒面與氣團對這些引燃點都能形成破壞，故目前大部分都採印證說。

5. 期效觀察記錄

列入追蹤印證。

補充說明：本宅門位附近都是大窗戶，此與節氣之進出是否有密切關係，值得印證推敲。

三、綜合評論：

中國哲理把四季的運轉分成「節與氣」，史記：「冬至短極，懸土炭。」這在說明若焦炭比土重，可能會下雨，俗諺：「月暈而風，礎潤而雨。」也在說明刮風，下雨的前兆，由此可知這種節氣的預測，可由人類的經驗法則得之，而此經驗法則，先哲已把它歸納在節氣、宅向、命卦的關係了，稱之為九星流運，也就是說，我們能由九星流運，瞭解氣團對宅第的影響，如某年的某氣團遇上特殊易燃物，或微疵的電器，就形成了火災。

研究主題：(79)崩陷煞

■照片圖　□平面圖

一、基本資料：

1.宅址：　　南投縣　頭社村

2.宅主：姓名　姑隱叟　君，性別　男　年次：　　　年　　　月。

　（宅主以男主人，或真正負責家中經濟權之家長為主要關鍵。）

3.時間：　81　年　元　月。（迄今仍不斷實地考證及確認）

4.補充資料：

　　本圖主要觀察重點在厝後山崩之處，宅第因立向關係，

厝後來龍見崩，值得一般丘陵區附近居民注意，故攝得。

二、研究心得：

1. 宅主現況分析

八十年，宅中主人逝世，其餘人等，八十年身體也都應驗不好，時有疾厄。

2. 問題癥結透視

書云：「來龍崩陷主人傷。」山為靜，龍取動，但動者乃龍脈氣之動，非山形之動，所以我們常見有的山區居民，所住地形會有「移走」現象，均是不祥。

3. 陽宅鑑定報告

本宅主人逝世有二個原因：

(1)八十年宅後山崩，應驗北方動土，是最大凶難的主因。

(2)宅前另有一電桿形煞，剛好在八十年應驗黃泉流運。

4. 調整因應方法

厝後的動土在八十年過後，就不會有凶厄了，本宅之所以成為案例檔案，主要是讓大家能明白看出厝後，來龍動土之凶象，對居家環境有所警惕，也算宅主陰德一樁。

5. 期效觀察記錄

宅前電桿已告知宅主移動到安全方位，如此居住宅內大小家人均能平安如意。

三、綜合評論：

厝後來龍為「生龍」，寶照經云：「自祖山發足以來，大頓小伏，如生蛇之渡水，如啄木之飛空，至降勢之身，左右有腳，入空端正，應案分明，謂之生龍。此龍最吉，必結富貴大地，主人丁生旺、奕世富貴。」

但住者也應對自己的居家環境附近，多加留意，凡附近有曜煞物(如桿、柱、脊等)，有不吉利動土，都應未雨綢繆。

研究主題：(80)地板煞

■照片圖　□平面圖

一、基本資料：

1.宅址：　　高雄縣

2.宅主：姓名　　　　　君，性別　　　年次：　　　年　　　月。

（宅主以男主人，或真正負責家中經濟權之家長為主要關鍵。）

3.時間：　　80　年　　3　月。（迄今仍不斷實地考證及確認）

4.補充資料：

　　本圖是高雄縣某私人醫院，鑑定時在宅中拍攝，關鍵在圖中地板銜接高低不勻，形成階梯式地板。

二、研究心得：

1. 宅主現況分析

本醫院內有療養性質，因地板煞的關係，病人的個性都歧異，有的暴戾，有的消極，最常見的是口角衝突。

2. 問題癥結透視

因醫院擴建時，沒有按照原來樓房高度銜接，故形成高低接觸點，氣流因高低樓板而迂迴囤積，漸漸而影響居住者的血清素、腎上素，逐漸地使情緒變化。

3. 陽宅鑑定報告

鑑定時，又發現該醫院是位在路弓地方，所以院中也常有是非，是非加上個性歧異，使院長極為頭痛。

4. 調整因應方法

很多宅第因格局本身錯誤，是很難更改的，例如此醫院，經鑑定瞭解其特性之後，院方可加強注意患者的情緒反應，紓解其火爆脾氣即可。

5. 期效觀察記錄

歸納印證。

三、綜合評論：

宅第因開門方位或銜接通道之關係，而產生納氣，納氣須藉氣口的方位，才知吉凶，故評量風水時，或附近缺口的位置，或對面建築的形態等，均稱為「風口」，其長短大小、距離遠近，角度偏差、宅座方位、程度深淺，都應小心鑑定，以免氣口的對流有誤差，對居住者形成不好影響。

研究主題：(81)陽宅探

■照片圖　□平面圖

一、基本資料：

1.宅址：　　南投縣　中興路

2.宅主：姓名＿＿＿＿＿君，性別＿＿＿年次：＿＿＿年＿＿＿月。

　（宅主以男主人，或真正負責家中經濟權之家長為主要關鍵。）

3.時間：　81　年　元　月。（迄今仍不斷實地考證及確認）

4.補充資料：

　　本圖是南投縣議會內部格局。

二、研究心得：

1. 宅主現況分析

南投縣議會因建築格局的銜接特殊，在陽宅磁場學的觀點言，易引起在位議員大公們的情緒衝突，所以瞭解之後，當各自注意言行，勿暴勿躁以免犯是非小人，期能充分發揮民意。

2. 問題癥結透視

建築形狀犯忌有下列幾點：

(1)建築物中心有天井地(2)議事大廳圓拱形屋頂為「陽宅探」(3)房間內部為高低屋(4)休憩室為三角形設計。(5)路弓。

3. 陽宅鑑定報告

以上問題癥結所影響者，最主要是情緒及個性的反應，議會是民意發揮的地方，又有免責權的保護，難免對意見協商容易衝突，但如流於情緒濫用，就不符合民意需求了。

4. 調整因應方法

可儘量以軟體調整來改變，如輕柔音樂可使氣氛舒緩，如高品味的藝術可使心情放鬆，平時的聯誼也有益於意見溝通。

5. 期效觀察記錄

列入追蹤印證。

三、綜合評論：

(1)氣流囤積於西南位，八十年入門節氣的影響是多事之年，八十一年又因西南位動土，是非之爭也必心煩不已。

(2)議事大廳為圓拱形屋頂，四周為各議員大公休憩室，堪輿上稱「陽宅探」易惹刑訟。

(3)內部興建格局為高低屋，容易有看法歧異的意見是非。

(4)休憩空間是三角形，磁場易形成亂流，影響情緒。

(5)議會正面逢路弓，這種彎曲路直射之象，易惹小人。

研究主題：(82)巷尾煞

■照片圖　□平面圖

一、基本資料：

1. 宅址：　　南投縣　南鄉路

2. 宅主：姓名 沈明宏 君，性別 男 年次：　　　年　　　月。

　（宅主以男主人，或真正負責家中經濟權之家長為主要關鍵。）

3. 時間：　80　年　2　月。（迄今仍不斷實地考證及確認）

4. 補充資料：

　　　本照片是從宅第前拍攝，主要是探討巷尾盡頭那一間房

宅的吉凶。

二、研究心得：

1. 宅主現況分析

宅主因住在宅第中，約四、五年之後，就發生中風纏疾，其他家人身體也一直不健康，事業財運皆不如意。

2. 問題癥結透視

前面兩排房子的屋脊，好像二支利箭又直射入宅內，這種凡來氣直沖的格局，我們都叫「沖」。

居住後第三、四年就會應驗不吉災難，實應注意。

3. 陽宅鑑定報告

自己的房子好像三合院的正廳，銜接兩邊廂房，本圖格局的特色是自己宅第銜接前面房子的屋脊，才謂「巷尾煞」，如果無銜接著，便謂之「直衝屋」。

4. 調整因應方法

搬離。

5. 期效觀察記錄

本宅資料由盧學員搜集印證，我們當然請盧學員列入追蹤印證，因此宅第凶煞太重，在凶氣來臨之時，恐非死即傷。

三、綜合評論：

屋宅忌零落散佈，避免犯孤陽煞，但如過度集中，又應注意是否構成角射及阻擋，像本案例為社區常見的格局，但巷尾宅第，就已經被左右兩側屋宇沖犯，如巷尾宅第後面又有道路，自己又在宅後開門，使得前後門又連成一直線，宛如進出方便、空氣流通之狀，但無形中就觸犯了陽宅大忌，不但久病不癒，甚至破財是非的災應全承受了。

研究主題：(83)靈媒煞

■照片圖　□平面圖

一、基本資料：

1.宅址：　　台中縣　新社鄉

2.宅主：姓名　　　羅　君，性別　男　年次：41　年　　　月。

（宅主以男主人，或真正負責家中經濟權之家長為主要關鍵。）

3.時間：　80　年　10　月。（迄今仍不斷實地考證及確認）

4.補充資料：

　　本照片是在台中縣新社萬應公廟拍攝，時間為深夜子時，夜深人靜、萬籟俱寂。

二、研究心得：

1.宅主現況分析

宅主羅董經營衛材公司，因鑑於工商競爭，故時常有求財祈求，保佑公司營運能更上層樓。

2.問題癥結透視

宅主配偶為一靈媒體質者，如遇陰靈之處，容易有嘔心、悶胸、莫名酸痛的情況發生，有時往廟裡拜拜祈福，也有以上現象。

3.陽宅鑑定報告

羅董房子方位全部正確，故本案例並非在探討宅第吉凶，乃是針對宅主體質，研究生物磁場對空間磁波及靈波的感受。

4.調整因應方法

如果時常感覺頭暈、欲嘔、莫名驚懼、莫名疲累、莫名悶胸及酸痛時，就應注意是否因自己的體質特殊而沖犯靈煞，這類煞波會不斷累積，最好儘早退煞。

5.期效觀察記錄

如沖犯了靈媒煞者，只要發現得早，及時退煞，是可以馬上恢復的，如自己沒有這種概念，一旦靈媒煞不斷累積，就會如同重感冒一樣，身體日久消疲、精神不安了。

三、綜合評論：

具有「靈媒體質」者，這種人體質特異，也就是細胞核的中質子帶電性質，容易感應異次元空間的電磁波。簡單言之，人類常在極度喜怒哀樂驚嚇下，被魔所侵，將外靈引進體內，這些外靈雖然是由於人們在過度運用意識力時，被侵入心中，除此之外，尚有惡氣之波，謂之惡煞，如某時、某方位、某人的磁場剛好接觸不同電波的衝擊時，就會覺得難受，如犯土煞、火熱等等。

研究主題：(84)節氣煞

■照片圖　□平面圖

一、基本資料：

1.宅址：　　台中縣　霧峰鄉

2.宅主：姓名　　　　　君，性別　　　年次：　　　年　　　月。

　（宅主以男主人，或眞正負責家中經濟權之家長爲主要關鍵。）

3.時間：　81　年　3　月。（迄今仍不斷實地考證及確認）

4.補充資料：

　　本圖是霧峰分局外貌，在正前方巷子方位拍攝，主要在

凸顯其巷沖情況。

二、研究心得：

1. 宅主現況分析

聯合報張記者在八十一年三月十四日報導：「霧峰分局所屬少數員警，最近發生有損警譽的事，吳分局長經堪輿師指點，對警局風水詳細的分析一次。」

2. 問題癥結透視

實地勘察之後，分局有下列風水問題：

(1)分局左前方逢路弓(2)分局正前面沖天斬煞(3)分局建築方向與八十一年度節氣有關。

3. 陽宅鑑定報告

宅第方向最主要與節氣有關，分局逢路弓(路彎部分朝大門直射)易招惹是非，沖天斬煞也易有是非，八十一年西南向的宅第為二黑運，以「元運九宮法」推論應驗凶氣，為是非及有志難伸。

4. 調整因應方法

可應用「扶金」法幫助吉利，所以最好能在分局的中央位、東北位、西北位、西位有特別的修飾及佈置，以幫助「金運」，例如油漆、加盆景以利光合作用等。

5. 期效觀察記錄

切忌八十一年西南位不得動土，故分局前絕對不可再挖掘建魚池，否則又應了動土煞氣。

三、綜合評論：

宅運在八十一年是持「下元七運法」分析的，因為八十一年是下元年，整個「下元」六十年，宅的五行都是屬「金」，而第七運(一年的流運)的五行也是「金」，如此大小二運的五行都是「金」的話，便形成「金金相比」，只要宅第建築物的方位，不要反剋「大小運」的「金」就可以了。

瞭解宅運與節氣的關係，再依據「宅第運行」法則，探討吉凶便可更合乎科學化，也更有徵驗性。

研究主題：(85)天井煞

■照片圖　□平面圖

一、基本資料：

1.宅址：　　苗栗縣

2.宅主：姓名　李明如　君，性別　男　年次：39　年　　　月。

　（宅主以男主人，或真正負責家中經濟權之家長為主要關鍵。）

3.時間：　80　年　6　月。（迄今仍不斷實地考證及確認）

4.補充資料：

　　本圖是在陽宅內，天井旁拍攝，主要在能明顯看出宅第中天井凹入情形。

二、研究心得：

1.宅主現況分析

本宅是屬於世居，一家人住在這裡已經二十四年，家中心臟機能一直不好，也有青光眼、白內障的家族疾病。

2.問題癥結透視

因為宅第中心天井，氣流迂迴囤積該處，形成不好的影響，一幢房子的氣流應該講究平穩順暢，若氣流中空欠缺，就會形成對流不平均，而影響身體的適應。

3.陽宅鑑定報告

我們到這幢房子鑑定時，發現老太太心肌梗塞，宅主心律不整，連他最小的孫子(十歲)也有心瓣膜的先天疾病。

4.調整因應方法

建議宅主把天井封閉，使氣流不會形成中旋狀況，甚至在每一樓的缺空處，也應加建不能留有中空位。

5.期效觀察記錄

建立檔案觀察。

三、綜合評論：

人體是一個生命體，必須不斷地從外界獲得能量，以供應體內細胞所需消耗的熱能，和對外所作的功，不論我們的血液循環系統，或神經感應系統，都與物理學定律一樣，那麼在宅第空間磁場中，如果產生氣流、輻射線的波長不穩定，那麼人體所獲得的能量，也會有某方面的不足，會引起某器官的障礙。

研究主題：(86)橋箭煞

■照片圖　□平面圖

一、基本資料：

1.宅址：　　台東縣

2.宅主：姓名　杜平樹　君，性別　男　年次：　25　年　　　月。

　（宅主以男主人，或真正負責家中經濟權之家長為主要關鍵。）

3.時間：　79　年　3　月。（迄今仍不斷實地考證及確認）

4.補充資料：

　　此宅在路橋地下道的入口側，該圖是從路橋的另一邊拍

攝，得以窺見全貌。

二、研究心得：

1.宅主現況分析

宅主目前經濟一落千丈，本來興旺的門市，因有了路橋地下道之後，門市就一日不如一日，現在幾乎二日內無人登門。

2.問題癥結透視

在都市中我們常看到一些路橋在搭建之後，兩側的房子就受到它的影響，不是房價大跌，甚至連生意都難經營，可見橋箭煞的厲害。

3.陽宅鑑定報告

古書言：「宅前凹陷難起色，鎌刀腰斬幾房絕。」所以鑑定過天橋對宅第的影響之後，我們一直呼籲應隨時注意這類新都市產品的凶應。

4.調整因應方法

這種凶煞，除非搬家，否則難以改善。

5.期效觀察記錄

列入專案追蹤。

類似這種天橋煞，我們在台中市、台北市等地，花費將近一年時間，印證不下五十處，特別提醒住民新的危機意識。

三、綜合評論：

橋箭的涵義有二種，一種是宅第門面被橫跨半空中的天橋腰斬而過，此時氣流就在宅前，形成一片橫衝而來的勁氣，房門如果在前面被直接沖犯者，往往造成意外災難，鑑定時曾發現有醫院的手術房被這種橋箭煞橫掃而過，結果幾乎每半年會有一病人被手術誤診死亡。另一種是宅第前面逢天橋入口處，此時店面生意就會一落千丈，如不是店面而是住家，那麼宅主家人有久病纏疾。

研究主題：(87)八字屋

■照片圖　□平面圖

一、基本資料：

1.宅址：　　宜蘭縣　羅東鎮

2.宅主：姓名　林煌鳴　君，性別　男　年次：　35　年　　　月。

　（宅主以男主人，或真正負責家中經濟權之家長為主要關鍵。）

3.時間：　　80　年　4　月。（迄今仍不斷實地考證及確認）

4.補充資料：

　　本宅重點在探討房子大門前，騎樓下的樑柱，恰巧類似

「八」字狀，照片是宅第前側拍攝的。

二、研究心得：

1. 宅主現況分析

宅主女兒犯腦神經衰弱後，逐漸又形成腦神經分裂症，母親有嚴重糖尿，久病幾十年。

2. 問題癥結透視

古書云：「宅前八字木，家中防瘋女。」果真是耶！

一般家中有神經衰弱症，在陽宅象意常見的有：宅前孤木，八字屋，棺木煞，長冗陰穢，後臨孤河等。

3. 陽宅鑑定報告

宅前八字木，此「八」何指？有二項涵義：一是說明陽宅前面有八字柱，八字棚架等，這類影響力較輕，另一是說明「八」為九星中的東北向，也就是陽宅向東北了。

4. 調整因應方法

在陽宅的徵兆中，如象意較不明顯者，可稍加改造，即可轉為好象，如格局難變動的，根本就不可能更改，最好的方法便是遷離此處。

5. 期效觀察記錄

列入追蹤檔案。

三、綜合評論：

陽宅空間從中心點開始，每一方位都有不同屬性的磁力線，個人特別的生物磁場，長期接受著因不同方位所產生不同磁力線的影響，會形成表現在外不同的徵候，我們謂之陽宅學，當然空間磁場內的表現是如此，但如在陽宅外的環境對居住者的影響道理也是一樣的，每個環境外的特定點物質，稱之為質點，不同的質點產生不同的效應，就形成宅內居住者不同的「象」。

研究主題：(88)牌樓煞

■照片圖　□平面圖

一、基本資料：

1.宅址：　　雲林縣　斗南鎮

2.宅主：姓名　黃立本　君，性別　男　年次：39　年　　月。

　（宅主以男主人，或真正負責家中經濟權之家長為主要關鍵。）

3.時間：　81　年　3　月。（迄今仍不斷實地考證及確認）

4.補充資料：

　　本圖是站在宅前向外拍攝，本宅的左側方因有一廟觀狀牌樓，拍攝的主要目的，是在瞭解牌樓與本宅之距離、方位與高低比例。

二、研究心得：

1. 宅主現況分析

宅主是因為工廠內從八十一年起就財務不振，且遭竊嚴重，本來僅是鑑定財務不振之因，但牽涉出改門向及外局景觀問題叢叢，遂成為新的範例。

2. 問題癥結透視

陽宅內因改變格局，使財位形成轉移錯誤，於是便欲考慮更改大門，但接著又發現門外牌樓的角度方位，會對本宅形成意外的傷害。

3. 陽宅鑑定報告

因八十年初，宅主覺得自己的工廠空間不敷使用，遂自行加建另一儲藏室，又把辦公室向前挪移，因此使得廠內財位改變，改變後變成破局，又導致遭竊一千多萬。

4. 調整因應方法

把大門的角度調整符合安全範圍，避免被門外牌樓的形煞剋應，而造成意外傷害，所以凡有道心的陽宅師，在為人更改大門時，應隨時注意觀察周遭環境的。

5. 期效觀察記錄

本圖是本會學員林有志的舅父宅，林學員自從有陽宅學共識之後，非常認真地在研究各類型範例，實在是能以學術救人的好模範。

三、綜合評論：

本宅鑑定初衷，重點僅在瞭解財位是否完整，及財位對營運概況的各種影響，接著在鑑定後又發現，因宅內空間的拉長，使得財庫位置變更，也隨即導致偷竊，這種案例我們也發現不勝枚舉，於是我們考慮，大門的向與位如果變換，是否為最簡單的調整，結果再考慮的就是大門外牌樓的影響了，由此可知陽宅師在綜合鑑定時，眼光應非常敏銳，才不會誤盡天下蒼生的。

研究主題：(89)刀片煞

■照片圖　□平面圖

一、基本資料：

1.宅址：　　南投縣　埔里鎮

2.宅主：姓名　孤隱叟　君，性別　　　年次：28　年　　　月。

　（宅主以男主人，或真正負責家中經濟權之家長為主要關鍵。）

3.時間：81　年　3　月。（迄今仍不斷實地考證及確認）

4.補充資料：

　　本圖是從正對面拍攝的，主要在看出圖右側拖建的鐵棚

屋頂與本宅銜接點。

二、研究心得：

1. 宅主現況分析

宅主買了新屋，但新房子的建型左側，卻拖建鐵棚架，因此宅是新建，鑑定時尚未搬入，我們也建議宅主接觸點勿當臥室，否則會常有血光之災。

2. 問題癥結透視

房子的左右兩側，最好都不要有各種畸型接觸點或面，避免氣流從兩側造成過度迂迴、斜衝、囤積、直射，使得居住在此接觸點房間的家人，易犯血光意外。

3. 陽宅鑑定報告

如屋脊直射的房間當新房，易遭流產，如當兒童房，小孩易受傷意外，如當工廠內工人的臥室，工人易受傷，主因是氣流太過強烈不當，引起的不良反應。

4. 調整因應方法

最好不要銜接，如已銜接者，應儘可能把銜接處稍加拆開，如果是別人的房子屋脊直射自宅，就很難改變了，這時就應把被直射到的房間，當做儲藏室使用，使災難減輕為最少。

5. 期效觀察記錄

列入追蹤記錄。但在此特別提示，乃讓諸位建立拖建的危機意識。

三、綜合評論：

此鑑定案例中我們可瞭解二大危機：

1. 宅主的房子本來是在照片圖示的前面，拖建部分恰巧在自宅的正北方，八十年正北位是不得動土的，因配偶有痼疾，一動土興建後，即過世了。

2. 拖建成此造型，其長度、比例、大小都容易形成傷害，最好能改進。

本案例是南投縣埔里區，成人教育居家環境班學員實例印證行程之一，特記。

研究主題：(90)流路煞

■照片圖　□平面圖

一、基本資料：

1.宅址：　　南投縣　埔里鎮

2.宅主：姓名　杜太郎　君，性別　男　年次：　39　年　　　月。

　（宅主以男主人，或真正負責家中經濟權之家長為主要關鍵。）

3.時間：　81　年　2　月。（迄今仍不斷實地考證及確認）

4.補充資料：

　　本圖是站在該宅第的樓上拍攝，由此可明顯看出宅前有

兩條馬路交叉流暢而過。

二、研究心得：

1.宅主現況分析

本宅剛新建，未滿三年，搬入後財運較不順利，所以特別鑑定其因。

2.問題癥結透視

本宅如僅就財運不濟來探討，因內局財庫位正確無誤，並無影響，其次就是外局的流路煞，此煞之形成有下列條件：(1)前後無靠山(2)宅前路形成交叉放射(3)方位符合。

3.陽宅鑑定報告

流路煞與剪刀厝的區別如下：

如果一棟房子的左右側成狹長狀，又逢兩條馬路前後通過，叫做剪刀厝，假如一棟房子的前面，逢兩條馬路交叉而過，謂流路煞。

4.調整因應方法

把此厝當做公眾出入場所，如聚會地，補習班等，讓人氣沖散不當的，過旺的氣流，最簡單的情形是，經常讓親朋好友到家聚會談心。

5.期效觀察記錄

列入追蹤印證。

三、綜合評論：

本宅犯了下列幾項錯誤：

1.人少，但居住空間太過空蕩，造成大而不當，氣流犯洩。

2.目前「三角窗厝」是可以居住的，但因此宅第太偏向路面，大門如果再向右縮六尺，就不會形成流路煞了。

改進之道，可將本宅做為眾人出入機會較多的場所，如補習班、集會地、事務所等，即可改善。

研究主題：(91)機關煞

■照片圖　□平面圖

一、基本資料：

1.宅址：　　南投縣　草屯鎮

2.宅主：姓名＿＿＿＿＿君，性別＿＿＿年次：＿＿＿年＿＿＿月。

　（宅主以男主人，或真正負責家中經濟權之家長為主要關鍵。）

3.時間：　81　年　2　月。（迄今仍不斷實地考證及確認）

4.補充資料：

　　本圖是南投農田水利會的格局，從水利會管理組往門外

拍攝，剛好有一水池，池旁種了一些花草樹木。

二、研究心得：

1.宅主現況分析

八十年溪心壩改善工程弊案，鬧得滿城風雨，其餘如小是非等，也層出不窮，凡是機關、公司風水之受重視，正如拋磚引玉，只要機關內員工順利，主管也仕途坦然。

2.問題癥結透視

南投水利會坐西朝東，因整個建地分成三個部分建築，以其中心點來看，在正東位部分是前門入口，西北位部分為其宅後拖建，並以鐵棚銜接，西南部分接著車道入口，建物無中心點。

3.陽宅鑑定報告

以整個建物言，水利會格局中心有一蓄水池，管理組門口正對水池，門前又植樹木，古書云：「宅心成中空，門前二樣樹。」應驗是非之象。

4.調整因應方法

機關格局錯誤，本應全部改建才行，但茲事體大，恐非如願，故應加強軟體管理，即人事管理，如正當休閒娛樂提倡，道德修養講座，法律常識座談等，以人事制衡環境。

5.期效觀察記錄

列入檔案記錄。

三、綜合評論：

宅第勿散亂拖建，使造型畸異，尤其是中心點一定要完整，有的機關缺中心點，形成亂流，我們知道天地氣流乃直射而有互應，內氣通外氣則能成育，才屬吉象，外氣是環境氣流，內氣是內部格局循環之氣，如內外氣阻隔，形成亂流，就如同收音機接收電台頻率，若有山阻隔，或在橋下、隧道內，就會有斷波現象，興建數十年的水利會，多年來人事的編制擴充，建物不敷使用，一再拖建就形成此格局了，此點可為各機關、公司謹慎啊！

研究主題：(92)撞胸煞

■照片圖　□平面圖

一、基本資料：

1.宅址：　　宜蘭縣　金面山附近

2.宅主：姓名　瑪喬民 君，性別　　年次：40 年　　月。

（宅主以男主人，或真正負責家中經濟權之家長為主要關鍵。）

3.時間：　81　年　2　月。（迄今仍不斷實地考證及確認）

4.補充資料：

　　本圖是宅第中往前面景色拍攝，能明顯看出前有一小山

崙正沖而來，止於門前庭院，又見稀落墓園橫雜其中。

二、研究心得：

1. 宅主現況分析

瑪氏為基督教徒，自居此處六年，凶禍連連，妻上吊意外死亡，長子溺水，次子車禍斷腿，自己常見鬼魅，初不信有何風水之言，經周教授開導此為環境學，才不斷點頭稱是。

2. 問題癥結透視

陽宅前案有砂手直沖明堂的正中，如像有人當胸一搥，無論陰宅(墳墓)或陽宅(住家)都屬凶象。

`

3. 陽宅鑑定報告

堪輿學有「探頭山」之名，也有「搥胸山」之稱，若僅探頭無搥胸，尚無大意外凶禍，二者皆見，凶禍難逃，本宅就是如此形勢，也算特例。

4. 調整因應方法

搬家，否則無法改善。

5. 期效觀察記錄

列入特例追蹤。

而且周教授並已當場警示過其次子，如娶妻入門，住此宅，必有流產夭折之厄，及防小兒血友病。

三、綜合評論：

書云：「前探出賊兒，後探出母舅，搥胸穿壽衣，凶禍必接連。」瑪家是前探、搥胸、兼後探，所以妻出牆羞而自殺，長子搶人錢財，跳河逃走不慎溺斃，次子又車禍，家中連續的不幸，在住後第三年接踵而來，瑪氏是虔誠基督徒，自認俯仰無愧，但「一位英雄，經得起多少次如此的雨季？」夜闌雨驟，狂酒悽愴之時，不禁想起林碧雲校長的一句話：「宗教是修心，環境學是物用」學習者是否瞭解這種大悲者的操愫呢？

研究主題：(93)天橋煞

■照片圖　□平面圖

一、基本資料：

1.宅址：　嘉義縣

2.宅主：姓名　李明煌　君，性別　男　年次：30　年　　月。

（宅主以男主人，或真正負責家中經濟權之家長為主要關鍵。）

3.時間：　81　年　2　月。（迄今仍不斷實地考證及確認）

4.補充資料：

　　從圖中能讓我們明顯地看出天橋衝撞之處，而天橋的三

角架式橋柱，與宅第的情形，也在照片圖中顯示。

二、研究心得：

1. 宅主現況分析

被天橋直衝到的房子，因主臥室剛好在銜接點，故宅主自從該天橋建好之後，頻頻意外，生意也一落千丈。

2. 問題癥結透視

天橋橫衝之點，就是氣流的著力處，天橋愈長，影響愈大，而天橋的樓梯，就等於斜的橫割面，也是有不好的影響的。

3. 陽宅鑑定報告

宅主因天橋的建設，不但主意外事故，而且在曜煞處(宅前算起45°的地方)也碰上天橋，應驗凶禍，可知社會進步與風水有時雖有背道而馳，但睿智的風水家對此應有正確的體認。

4. 調整因應方法

搬遷。

5. 期效觀察記錄

因天橋產生的凶兆，有下列幾點：

(1)建天橋就是一種近距離的動土(2)天橋直衝是意外煞氣(3)天橋階梯應防應驗曜煞。

三、綜合評論：

人類因社會現象的進步，常有一些新的社會產物，與風水的純自然相違逆，最明顯的情況，例如高速公路通車之後，造成很多龍脈的截斷，又如本案例的天橋，使得陽宅風水被破壞，但一位睿智的陽宅師，應深記進步與自然相輔相成之理，這是社會型態的轉變，也切不可因墨守成規而妨害了社會應有的進步情況，人生很多事豈是「造化」二字解釋得了。

研究主題：(94)尸地煞

■照片圖　□平面圖

一、基本資料：

1.宅址：　　嘉義縣　中山路

2.宅主：姓名　林　氏君，性別　男　年次：17　年　　　月。

（宅主以男主人，或真正負責家中經濟權之家長為主要關鍵。）

3.時間：　79　年　4　月。（迄今仍不斷實地考證及確認）

4.補充資料：

　　本圖重點在闡述廟側情況，所以拍攝時，是從前面攝
像。

二、研究心得：

1. 宅主現況分析

廟側附近居民，因地靈關係，罹患癌症比例增加，及添丁機會也減少。

2. 問題癥結透視

以廟地為圓心，周圍二百公尺內，稱之為尸地煞，因為在日據時代，此處為行刑場，所以地縛靈特別集中該地。

3. 陽宅鑑定報告

土地因屠宰過，行刑過，或經常意外過，往往有些怨靈叢集，謂之地縛靈，其影響往往延至第二代，主要應驗症候是腦神經、癌症、血友病及夢魘等。

4. 調整因應方法

在此處蓋房子時，地皮應深挖九尺以上，靈波煞才易於消除，否則入宅時也應請法師祈福結界。

5. 期效觀察記錄

此案例已觀察追蹤過多年，有時很多案例的搜集，因牽涉隱私，故如非熟悉至友，細節之瞭解有限，這何嘗不是科學陽宅印證上的一大隱憂。

三、綜合評論：

如此地所構成的「尸地煞」，全省有許多案例可循，台北市公路西站正對面交通大隊中隊現址，也是尸地煞的典型代表，台南縣後壁鄉上茄苳後壁高中斜對面附近，也是尸地煞。影響最嚴重的是會波及第二代的胎兒受孕，彰化市有一實例顯示，在胎兒懷孕一霎那，尸地煞的惡靈波恰巧進入胎體，潛伏至小孩子九歲時，聰明可愛的小孩卻因血友病不治死亡，哀哉！

研究主題：(95)不祥煞

■照片圖　□平面圖

一、基本資料：

1. 宅址：　　彰化縣　花壇鄉　崙雅村

2. 宅主：姓名　蘇雅明　君，性別　男　年次：　32　年　　　月。

　（宅主以男主人，或真正負責家中經濟權之家長為主要關鍵。）

3. 時間：　80　年　6　月。（迄今仍不斷實地考證及確認）

4. 補充資料：

　　圖片是從宅第側面拍攝，主要在看出宅右側的古墓園，

方位與宅第又形成墓煞位。

二、研究心得：

1.宅主現況分析

蘇氏在八十年因中風死亡，目前配偶也患中風症，雙腳難於行，又有嚴重糖尿病。

2.問題癥結透視

宅第與古墓的方位，剛好應驗古墓煞，但本宅不但鄰近古墓，前宅部分又增建，宅後部分又拖建，綜合這幾點煞象，就稱之為「不祥煞」陽宅。

3.陽宅鑑定報告

凡宅前後或左右側有「墓」，稱之為墓煞，而墓恰巧又在門前側，與門形成一直線時，更主凶上加凶。

4.調整因應方法

把古墓遷移，把拖建部份修理過，如儘可能古墓遷移時，應特別注意墓中骸骨的重整位置，切忌馬虎。

5.期效觀察記錄

列入追蹤記錄。

三、綜合評論：

鑑定過很多宅第，凡附近二百公尺內見古墓者，都是錯誤的，有一友人，在嘉義竹崎鄉，因買了一塊空地，種一些柳丁，想用來養老休閒，結果在園中草寮附近，偶然間發現有一早已荒廢古墓，結果買下之後的第三年開始就官司不斷，有時也因小事卻被誤解，本圖中所舉範例，不但宅第拖建、古墓方位也與原宅地構成不當組合，這些不利之處，我們統稱之為不祥煞。

研究主題：<u>(96)夢遊厝</u>

■照片圖　□平面圖

一、基本資料：

1.宅址：<u>　彰化縣　花壇鄉　崙雅村　</u>

2.宅主：姓名<u>　吳泰國　</u>君，性別<u>　男　</u>年次：<u>　50　</u>年<u>　　</u>月。

（宅主以男主人，或真正負責家中經濟權之家長為主要關鍵。）

3.時間：<u>　79　</u>年<u>　9　</u>月。（迄今仍不斷實地考證及確認）

4.補充資料：

　　從本圖中，我們可以看出圖中一幢二樓樓房，乳白色建築，其右側有一間古老舊厝。

二、研究心得：

1.宅主現況分析

長女幾乎每夜夢遊，不但夢遊走下床來，又悄悄地走到大門處，開啟門扉往外瞎走夜遊，此種現象算是夢遊情況的嚴重者。

2.問題癥結透視

宅側（前）有舊厝，應驗腦神經疾病，如方位又正好在劫位，更是對陰人（女人）不利，嚴重者發瘋又神經錯亂，實不可不慎。

3.陽宅鑑定報告

本宅的祖厝翻修，未翻修之前，長女不會有此現象，但翻修之後，卻日益嚴重，關鍵何在？乃因翻建時，宅第方向轉變，剛好與舊厝的方位配合，形成夢遊厝了。

4.調整因應方法

把旁側的「磚仔厝」打掉，如有困難，應在自己宅第四周，用密法結界，或以九鳳破穢水清淨。

5.期效觀察記錄

本宅經鑑定指導及結界之後，長女的夢遊症已幾乎一年來沒再發作了，當然厝第有靈煞，則應以菩薩密法鎮壓，如屬格局問題，那就應改變氣流趨吉了。

三、綜合評論：

「有幾間厝，用磚仔砌」這是「故鄉」歌曲裡的開頭語，也說明了磚頭厝在古代的盛行，但磚厝總歸是磚厝，如果大家都是同類建築，同一方向也是無所謂的，妙的就是，新建宅第時，會把方向變更，如此使得門前正對「磚厝」，或側面的「劫」所在方位，沖犯「磚厝」位置，磚仔厝又無人居住時，應驗就不吉利了。

研究主題：(97)凶波震宅

■照片圖　□平面圖

一、基本資料：

1.宅址：　　高雄縣　鳳山鎮

2.宅主：姓名　鄭敏雄 君，性別 男 年次： 43 年　　月。

　（宅主以男主人，或真正負責家中經濟權之家長為主要關鍵。）

3.時間：　 79 　年　 10 　月。（迄今仍不斷實地考證及確認）

4.補充資料：

　　　本宅的前面剛好有人蓋大樓，以水泥拌攪機連續工作一

個月，我們是從宅內，往對面拍攝此照片。

二、研究心得：

1. 宅主現況分析

自從對面有人挖地下室灌漿之後，每日機器「震波」影響，宅主已連續意外三次，配偶也已扭傷腳踝。

2. 問題癥結透視

凡陽宅空間的太歲方位，最好不得妄動，以趨吉避凶，俗謂「太歲頭上動土」就是這個道理，至於太歲方位何指？以羅經測定後，每年流年的干支的「支」字位即是。

3. 陽宅鑑定報告

宅主意外，其原因包括：(1)犯關煞流運不吉年，如沖太歲、天狗等(2)人為因素的不小心(3)危險性質的職業工作。但經鑑定過濾後，沒有上述因素而意外，此乃陽宅運勢作崇了。

4. 調整因應方法

如果遇到陽宅附近有人動土、建屋、築路、挖溝等項目時，最好能立即出國小遊，使磁場改變，或抽血使血離子濃度產生變化，以因應未來將產生的危機，避免意外。

5. 期效觀察記錄

鑑定時，我常發現有的人，流運並無明顯災害，但卻碰上意外，再深入追蹤各種觸因，原來都是修造、動土及過度噪音波及所致，實在應慎防。

三、綜合評論：

我一直探討大車禍、空難之成因，除了各種人為、行政疏忽之外，自然界中包括星際磁場的異常原因，太陽表面的氣候突變，驟雨雷電等不良氣候的電位差干擾等等，其中最讓我能掌握確定的原因就是一「司機因素」。司機一人掌握方向盤、操縱機械啟動，安全與否實在與司機有密切關係，目前我們僅認知司機的養成，司機的流運吉凶就忽略了，這是非常危險的，假設司機的陽宅有「凶波震宅」原因，而產生意外，許多無辜乘客的生命也受連累，這點實應值得深入研究。

研究主題：(98)神位四空

■照片圖　　□平面圖

一、基本資料：

1.宅址：　　嘉義縣　維新路

2.宅主：姓名　鄒公鈞　君，性別　男　年次：10　年　　月。

（宅主以男主人，或真正負責家中經濟權之家長為主要關鍵。）

3.時間：　80　年　9　月。（迄今仍不斷實地考證及確認）

4.補充資料：

　　本圖是拍攝神位實況，神位安置在二樓神明廳，宅主早

晚膜拜。

二、研究心得：

1. 宅主現況分析

世居祖宅，家中意見口角衝突者多，而且經營事業也不見起色，家中婦道人家，身體都久病纏疾。

2. 問題癥結透視

先哲告誡：「神案上下左右不得見空，家運日敗，兒孫錢財不來。」所以奉神時，最重要注意神像周邊位置，不可錯誤潦草，再則應注意是否開光點眼。

3. 陽宅鑑定報告

神位上下左右見窗、見空，並不是說如此神就不降，而是如此特徵，所表現出來的「象」，由這種「象」而知道宅主的實際應驗，這種方式的論斷，也是鑑定的一種法則。

4. 調整因應方法

我們建議宅主，應把神像後靠，及神像上面補實，接著擇吉日再開光點眼，恭請吉神，護佑全家，但因宅主風骨固陋，不妄動家中擺飾，所以無法替其變動整理。

5. 期效觀察記錄

神位的擺飾供奉法，我一直在研究，這種形式謂之「神位四空」，猶記得當年，蔡辰洲桃園工業區理想牌工廠的土地公供奉，也與此一樣，當時鑑定時也曾建議，倒閉後，我還去看過，依然如此，徒留唏噓。

三、綜合評論：

奉神注意事項，各縣市風俗都有忌諱的依據，甚至連各國、各宗教禮佛敬神，儀式備物都不一樣，難道不同的神有不同的膜拜法嗎？非也，這是風俗的差異也，那麼膜拜神祇到底應注意什麼？我提出兩點最重要的說明如下：

1. 位置：供神的位置要清靜，勿污穢雜物堆積，形成不敬。

2. 虔誠：無論開光時，膜拜時，都應以赤誠之心，「敬神如神在」就是這個道理。

研究主題：(99)學校黃泉煞

■照片圖 □平面圖

一、基本資料：

1.宅址： 台南縣 學甲國小

2.宅主：姓名 君，性別 年次： 年 月。

（宅主以男主人，或真正負責家中經濟權之家長為主要關鍵。）

3.時間： 81 年 元 月。（迄今仍不斷實地考證及確認）

4.補充資料：

本圖是從操場正面拍攝司令台，使能明顯看出，新建的司令台後面二樓的校長室。

二、研究心得：

1. 宅主現況分析

台南縣學甲鎮學甲國小前後兩任校長林聰明與許崑林，在八十年十二月間相繼因心肌梗塞去世，到底是偶然或湊巧，或是有其他因故，是耶？非耶？以陽宅學的觀點分析其因。

2. 問題癥結透視

最主要關鍵在司令台的重建，以校長室為中心，八十年流運，曜煞應驗凶位，剛好在司令台，本來此位置不應動土，卻偏逢新建，在五月卅一日完成，司令台的後靠牆壁，遂形成堪輿學上的「黃泉煞」。

3. 陽宅鑑定報告

堪輿學講究的方位，現代學術就稱之為「方位學」，兩者結果是一致的，乾坤定位、山澤通氣、雷風相薄、水火不相射，原理自古未變，宇宙間有一定的脈絡，先哲納人羅經的星宿度數動向，其實就隱含地球自、公轉角度了。

4. 調整因應方法

黃泉煞是應非常注意的，如果宅第與煞物之間沒有人潮，把不利氣流射線沖散，凶象是加倍，既然定位了，應把校長室遷移，或在校長室與司令台中間搭一圓形拱棚，以排除煞氣。

5. 期效觀察記錄

特別把此實例公開檢討，目的在讓教育單位對學校建築的重視，不但美觀、整齊，最重要是要注意安全、減少校長、教師、學童的意外發生。

三、綜合評論：

「黃泉煞」又稱曜煞，如果以最簡單方法來看，可以宅第大門為起點，凡是在左右四十五度範圍有屋角、大石、大樹、碑樓、尖角等，就有事故、意外，這些靜物的質量會產生一種引力，以目前的科技來偵測，雖然尚無法以儀器，對這類磁場引力定量，但卻可以依先哲智慧結晶的卦理，預知事物的吉凶，這種學理，也稱做「方位學」，是探討在特定方位中，因節氣及事物的比例關係，而產生的影響應驗。

研究主題：(100)陽宅靈符鎮

■照片圖　□平面圖

一、基本資料：

1.宅址：　　台北市　松壽路

2.宅主：姓名　　　　　君，性別　　　年次：　　　年　　　月。

（宅主以男主人，或真正負責家中經濟權之家長為主要關鍵。）

3.時間：　81　年　2　月。（迄今仍不斷實地考證及確認）

4.補充資料：

　　本圖是台北市松壽路二號，凱悅飯店大廳內，由此明顯地看出廳內掛著的鎮宅平安符式。

二、研究心得：

1. 宅主現況分析

陽宅靈符鎮種類，大抵有兩種：

(1)求財符式(2)平安順利符式

尤其是公共場所的安置的陽宅靈符都是屬於平安求財符。

2. 問題癥結透視

「符」也是一般陽宅常見的用物之一，在此我們研究有效因素應具備的條件如下：(1)心誠則靈(2)心善必驗(3)符與念力成正比。

3. 陽宅鑑定報告

符式的應用有很多派別，例如密教、道教、茅山、鳳陽、天師、崑崙等等，都稱之為符籙派，雖然形式大同小異，但效應端賴施符者的意念力。

4. 調整因應方法

陽宅靈符鎮，乃是以至高無上的符令，祈求宅第內平安順利，這也是人類精神層次的崇高追求。

5. 期效觀察記錄

「靈符」不再是神祕的符號，隨著一些知識分子的運用，符令被廣泛地接受，如「陽宅靈符」、「靈符書法」「靈符飾物」都將隨著時尚，開啟風氣。

三、綜合評論：

「符」乃神佛之法令，用以賜福護佑，保護善良的人，在民智大開時代，高水準的教育知識分子，常對它抱持著百分之百的排斥和懷疑，心想那區區幾字和圖樣，與書法何異？又如何對萬物之靈的人類產生影響力？這也難怪，因為很多人都把符過度「神化」了，忽略「我即是佛」的禪理。

其實「符」就是代表精神意念力，流傳幾千年的神祕符咒所憑藉的也都是「意念」，溝通的對象是精神空間，不是物質空間，否則就與「特異功能」無異了。

國家圖書館出版品行編目資料

陽宅格局選（透視陽宅專輯之三）／周建男著．
-- 初版 . -- 台北市：國家，2002〔民91〕
211 面；26 公分 . --（國家風水叢書：5）
ISBN 957-36-0337-3（平裝）

1. 相宅

294.1   83005697

國家出版社 KUO CHIA

國家風水叢書⑤　特價／新台幣陸佰元

陽宅格局選（透視陽宅專輯之三）

著作者／周建男
發行人／林洋慈
出版者／國家出版社
社址／台北市北投區大興街 9 巷 28 號
電話／（〇二）二八九五一三一七（五線）
傳真／（〇二）二八九四二四七八
郵撥帳號／〇〇一八〇二七一七
電子郵件／kcpc@ms21.hinet.net
執行編輯／謝滿子
責任編校／台灣省陽宅教育協會
讀者服務／吳景菘
封面設計／家昌設計
法律顧問／林金鈴律師
排版／上達電腦排版公司
製版／國華製版有限公司
印刷／吉峰印刷有限公司
日期／二〇〇二年元月初版一刷